LA TEOLOSIS©
Y
EL FRUTO
DEL
ESPIRITU

La manifestación y evidencia de la presencia del Espíritu Santo en la experiencia de vida cristiana.

Elvin Heredia, PhD.

CONTENIDO

© ® 2015
La Teolosis y el Fruto del Espíritu
ISBN 978-0-9842817-6-3
Todos los pasajes bíblicos utilizados son de la Santa Biblia Reina Valera
1960, a menos que se indique otra versión en especifico.

Información y Pedidos: Amazon.com y elvinheredia@hotmail.com

Otros libros de la colección de TEOLOSIS®

© ® 2006
Teolosis: Formación y Crecimiento en Dios
ISBN 978-0-9842817-0-1
© ® 2013
La Teolosis y los Refranes Populares
ISBN 978-0-9842817-1-8
© ® 2014
La Teolosis, la Psicología Cristiana y el Dr. Jesucristo
ISBN 978-0-9842817-2-5
© ® 2014
La Teolosis y la Misión de la Iglesia
ISBN 978-0-9842817-3-2
© ® 2014
La Teolosis, el Matrimonio y la Familia
ISBN 978-0-9842817-4-9
© ® 2014
La Teolosis y la Navidad
ISBN 978-0-9842817-5-6

PREFACIO

Cuando publicamos el libro *TEOLOSIS: Formación y Crecimiento en Dios*, (ISBN 978-0-9842817-0-1), hubo un hermano, a quien aprecio profundamente, quien se me acercó para darme su impresión del libro. Él me indicó que esperaba que el libro fuera una exposición teórica, a manera de ensayo, de lo que significaba TEOLOSIS.

Recuerdo que le contesté que el libro no pretendía explicar lo que era la teolosis para cada creyente. Simplemente, nuestros libros pretenden hacernos reflexionar sobre esa experiencia. En ese sentido, concluimos en nuestra conversación que la teolosis no podemos explicarla como un concepto concreto. Es más bien una experiencia, por lo que la teolosis no podemos explicarla, sino testificarla. Podemos teorizarla, pero es mejor vivirla.

¿De dónde sale la palabra "teolosis"? La palabra *teolosis* surge del prefijo *teo,* que significa *Dios,* y del sufijo *osis,* mayormente utilizado para indicar *formación* o *crecimiento* de alguna condición, en términos médicos y científicos. Por tanto, *teolosis* pudiéramos definirla como la formación, crecimiento y desarrollo de nuestra relación y conocimiento de Dios.

En términos prácticos, la teolosis es una experiencia en la que vamos formándonos y creciendo como parte de nuestra vida cristiana y nuestra relación con Dios.

Ahora bien, la teolosis no es una tesis en el vacío. La teolosis se contempla desde 2 aspectos importantes de la vida: la experiencia y el propósito. Nuestro pasado aportó a nuestra vida un cúmulo de vivencias, las cuales atesoramos como experiencias que la vida misma nos regala. Son nuestros tesoros personales. Por otro lado, todas esas experiencias nos han preparado y capacitado de alguna manera para los propósitos insondables en la mente de Dios para cada uno de nosotros.

Por tanto, la experiencia del pasado nos ha otorgado riquezas y recursos, los cuales utilizamos en nuestro presente, y los convertimos en activos para alcanzar el propósito de Dios en el futuro. A cada minuto acumulamos experiencias, las cuales, desde nuestro presente, nos permiten avanzar hacia el propósito.

Esta no es únicamente una realidad en la totalidad de la vida del ser humano. De eso también, precisamente, consiste nuestra teolosis.

Dios nos ha permitido vivir y conocer experiencias, dentro o fuera de la vida cristiana. De esas vivencias y experiencias Dios mismo se sirve para el cumplimiento de sus planes y propósitos en nosotros. Todo lo que hemos vivido y aprendido nos ha traído hasta el aquí y el ahora, con la intención de proyectarnos hacia todo lo que Dios tiene pensado para nosotros en adelante.

Puesto que la teolosis es una experiencia, la misma no será igual para cada creyente. Ésta dependerá de nuestra disposición a movernos en la carrera, y del propósito que Dios tiene para cada uno de nosotros.

Por tanto, cada teolosis en cada cristiano será diferente una de la otra, pues cada uno de nosotros somos diferentes, y el propósito de Dios para cada uno de nosotros es igualmente diferente. No obstante, cada experiencia tendrá el propósito absoluto de edificar la totalidad del cuerpo de Cristo, pues, de todas formas, todos estamos igualmente injertados en el cuerpo.

Hemos establecido un propósito universal en cada uno de nuestros libros sobre Teolosis. La intención de esta obra es dar una explicación a algunas interrogantes particulares que inevitablemente surgen ante situaciones específicas de la vida.

Queremos renovar el pensamiento, descubrir verdades, penetrar misterios, encontrar respuestas. Todo esto, a medida avanzamos en nuestra experiencia de fe. En nuestro caminar con Dios. En nuestra vivencia como cristianos.

En nuestra *teolosis.*

INTRODUCCION

Hemos tenido siempre la percepción de que Gálatas 5:22 habla del fruto del Espíritu como si se tratara de "los frutos del Espíritu". La verdad es que el Espíritu **no produce varios frutos.** El texto es claro cuando indica que "**el fruto del Espíritu es** amor, gozo, paz, paciencia, benignidad, bondad, fe, mansedumbre y templanza". Todos estos atributos o componentes, a una, juntos, representan el fruto del Espíritu. Hay UN solo fruto del Espíritu.

Ahora bien, es necesario que comprenda lo siguiente. Cuando venimos a Cristo, Él imparte su Espíritu en nosotros. En ese sentido, ocurren unos eventos extraordinarios y maravillosos. Somos sellados por Dios como propiedad suya. Ahora le pertenecemos. Por tanto, y en cuanto al fruto del Espíritu se refiere, si el Espíritu de Dios está en nosotros, el Dios del Espíritu no dejará ninguno de estos componentes del fruto del Espíritu fuera de nosotros.

Si usted es todo de Dios, entonces Dios, Su Espíritu y todo su fruto también es todo suyo. Grandioso, ¿no?

Créame. No es la intención del Espíritu hacer un trabajo incompleto en usted. Todo el paquete, todo el fruto, está disponible y accesible para que usted lo disfrute. Entonces, no limite usted esta experiencia en su vida. ¡Viva en el Espíritu, y en su fruto...!

Eso es TEOLOSIS...

DEDICATORIA

A mi Amado Dios, mi Señor y Salvador Jesucristo, y al Espíritu Santo, dador del fruto que define mi vida. Gracias por tu presencia en mi ser, y en cada oración contenida en este libro. ¡A Tu honra y gloria!

A mi amada esposa Carmencita. Gracias por acompañarme en esta experiencia, y por compartir el fruto del Espíritu en ti conmigo. Te amo con amor y gozo. Gracias por darme paz, por tu paciencia, por tu mansedumbre, templanza y tolerancia. ¡Te Amo!

Y, por supuesto, a ustedes, mis amados lectores y hermanos en Cristo. Por ustedes y para ustedes es también el fruto del Espíritu, y el fruto de este humilde trabajo. Permita el Señor que puedan recibir este libro con fruto del Espíritu con el que se los entrego.

¡Feliz teolosis!

LA TEOLOSIS
Y
EL FRUTO DEL
ESPIRITU

MEDIOS DIAS Y DIAS COMPLETOS

Lectura: 1 Corintios 12:1-7, Gálatas 5:22-23, Hechos 2:2

Los que me conocen bien saben que yo utilizo mucho los refranes. Los refranes tienen la particularidad de poner al descubierto verdades prácticas de la vida de una manera especial. Los refranes, así como los proverbios, son expresiones de sabiduría popular que demuestran de manera lógica la realidad de las cosas de la vida.

Cuando estudiaba este pasaje, vino a mi mente un refrán. Un refrán que pretende demostrar la realidad, muchas veces inexplicable, de que vivimos pendientes a cosas que no están bajo nuestro control, o que vivimos pendientes a las cosas que queremos tener sin considerar las cosas que ya tenemos. Este refrán dice:

- La gente se preocupa por medios días, habiendo días enteros.

La gente, muchas veces, vive pendiente todos los días a vivir una experiencia extraordinaria, cuando lo mejor sería vivir extraordinariamente nuestra experiencia de vida todos los días.

¿Qué tiene que ver esto con los pasajes que hemos considerado?

Recordemos que el Espíritu Santo está en la iglesia. Hechos 2 demuestra esta realidad. Claro está, también demuestra que Jesús está a la diestra del Padre. Si Él no se va, el Espíritu Santo no hubiese venido (Juan 16:7). Recordemos también que el Espíritu Santo es Dios, por tanto, si el Espíritu Santo está en la iglesia, entonces Dios está en la iglesia. Desde esa perspectiva podemos preguntarnos, ¿cómo sabemos que El Espíritu Santo está en la iglesia?

De acuerdo a estos pasajes bíblicos, el Espíritu Santo se manifiesta en la iglesia de 2 maneras: Por medio de los dones del Espíritu y por medio del fruto del Espíritu.

Desafortunadamente, muchos han pensado que la presencia del Espíritu Santo en la iglesia se determina únicamente a base de la manifestación de los dones espirituales. Pensar de esta manera es pensar limitada y mezquinamente de un Dios que sobreabunda en bendiciones para Su pueblo.

En una ocasión escuché a un compañero pastor muy querido, el Dr. Samuel E. Pérez, mencionando una realidad importante sobre el estudio de las Escrituras.

Él decía que la Biblia hay que leerla románticamente cuando estamos en nuestra devoción diaria. Pero cuando se trata de estudiar las Escrituras, tenemos que hacerlo con sospecha. Siendo así, vamos a analizar detenidamente ese pasaje de 1 Corintios 12 para extraer del mismo unas verdades bíblicas importantísimas.

En este capítulo, Pablo señala lo que muchos teólogos describen como un segundo asunto correctivo a la iglesia de Corinto. El primero de estos asuntos correctivos se encuentra en el capítulo 11, donde el Apóstol advierte sobre los abusos en la Cena del Señor.

Ya en el capítulo 12, Pablo advierte sobre otra clase de abuso, es decir, los abusos sobre los dones espirituales. La realidad era que la manifestación de los dones del Espíritu estaba siendo muy malinterpretada por los fieles de Corinto. Esta mala interpretación estaba causando a su vez ciertas divisiones y malestares entre los hermanos.

Lo primero que Pablo quería hacerle entender a los corintios (y a nosotros hoy) en relación a los dones del Espíritu es una particularidad especial que él comienza mencionando en 1 Corintios 12:1. El Apóstol Pablo comienza hablando acerca de los *dones espirituales*.

Pregúntese por un momento. Si hay *dones espirituales*, ¿será que hay otra clase de dones *"no espirituales"?*

La contestación la encontramos en 1 Corintios 12:4. En efecto, cuando Pablo habla de *diversidad* de dones en este pasaje, está estableciendo que, *además* de los dones espirituales, hay otros dones.

Lo que queremos decir es que, simple y sencillamente, en adición a los dones espirituales que el Espíritu Santo añade a la iglesia, hay otros dones que Dios mismo ha repartido entre Su pueblo. Esto es a lo que algunos teólogos también se refieren como *dones ordinarios.*

Estos dones son las capacidades, habilidades o talentos propios de cada persona. De más está decir que, además de los dones espirituales, estos dones también son dados o repartidos por Dios. No obstante, de algo podemos estar seguros en ese sentido.

- TODOS los dones, tanto los espirituales como los ordinarios, son igualmente dados o repartidos por Dios. Pero, como todo lo que Dios hace, TODOS estos dones son dados o repartidos con un propósito general.

- TODOS los dones son igualmente dados o repartidos con el propósito de servirnos, como nos dice 1 Corintios 12:7, *para provecho*. Por tanto, TODOS los dones, los espirituales y los ordinarios, son para edificación.

Bajo ningún concepto estos dones debieron usarse para división o contienda en el pasado, ni tampoco en el presente. Hago esta aclaración porque, desafortunadamente, hoy en día nos encontramos con la misma situación que se encontró Pablo en la iglesia de los corintios.

Se había producido un "enfoque desenfocado" sobre la razón fundamental de los dones del Espíritu en la iglesia. Los corintios pensaban que la manifestación de los dones espirituales, especialmente aquellos en los que se destacan señales sobrenaturales, indicaba de alguna forma el grado de espiritualidad de aquellos mediante los cuales se manifestaban estos dones espirituales.

Por tanto, si alguno de los otros hermanos no manifestaba de forma visible alguno de estos dones, era indicativo de falta de espiritualidad. (Cualquier parecido con la realidad actual es pura coincidencia).

Por eso es que Pablo aclara en este pasaje 2 asuntos:

- Que hay diversidad de dones. (Espirituales y Ordinarios).
- Que todos tenemos estos dones repartidos entre nosotros.

No obstante, lo particular de esta aclaración estriba en que esa diversidad de dones se manifiesta de otras diversas maneras en la iglesia.

Note bien lo que nos continúa diciendo Pablo, particularmente en 1 Corintios 12:5-6. Ya Pablo había indicado que había diversidad de dones, esto es, dones espirituales y dones ordinarios. Inmediatamente, en 1 Corintios 12:5, nos indica que hay diversidad de ministerios. Esto lo que indica es que aquellos que hemos recibido dones del Espíritu hacemos, o debemos hacer algo con esos dones que hemos recibido. Nuestro deber para con los dones que hemos recibido, sean espirituales u ordinarios, es ponerlos a la disposición y al servicio de la iglesia.

Por medio de nuestros dones se manifiestan a su vez los ministerios de la iglesia, esto es, las varias funciones y servicios que realizan aquellos que tienen esos dones, habilidades o talentos.

Entonces, este ejercicio de nuestros dones, estos ministerios, pondrán de manifiesto lo que Pablo identifica en el v.6 como las operaciones. Las operaciones del Espíritu son los efectos resultantes en la iglesia de las operaciones de los ministerios.

Por eso es que Pablo indica que Dios sigue siendo el mismo, tanto en los dones como en los ministerios y las operaciones.

- Dios es quien da los dones.
- Hace posible los ministerios, y...
- Opera bendiciones a través de ambos.

Ahora bien, ¿significa esto que nuestra experiencia de vida cristiana está determinada por los dones del Espíritu?

Evidentemente no. Cuando Pablo especifica que no quiere que los hermanos corintios ignoren esta realidad de los dones espirituales es porque actuar como ellos estaban actuando es un acto de ignorancia. Entonces, ¿de qué depende nuestra experiencia de vida cristiana en lo que al Espíritu Santo se refiere?

Vaya conmigo a Gálatas 5. Específicamente en Gálatas 5:22-23 encontramos lo que mucha gente llama comúnmente como los frutos del Espíritu.

En primer lugar debo aclarar que la realidad es que el texto no indica en ningún momento que se trata de varios frutos individuales. El texto indica que todos esos componentes que se mencionan son parte de lo que el Apóstol Pablo llama *el fruto del Espíritu*. <u>En singular</u>. Por tanto, el fruto del Espíritu es uno solo, pero está compuesto de todos esos elementos.

Ahora bien, hay que aclarar que el fruto del Espíritu es un producto. Es la manifestación del Espíritu Santo mediante una vida que demuestra amor, gozo, paz, paciencia, benignidad, bondad, fe, mansedumbre y templanza.

Cuando este fruto del Espíritu se manifiesta en la vida del cristiano, es sinónimo de que andamos en el Espíritu. (Gálatas 5:16 y 25). Entonces, hay que aclarar lo siguiente. La vida en el Espíritu se manifiesta en la iglesia por el fruto del Espíritu, no necesariamente por los dones del Espíritu.

La verdadera evidencia de que tenemos el Espíritu Santo se define mediante lo que el Espíritu ha producido *en nosotros*, no necesariamente lo que hace *a través de nosotros*. En un momento determinado, el Espíritu Santo puede utilizar hasta una piedra para glorificarse. Yo, en cambio, prefiero ser barro en manos del Alfarero.

Por otra parte, no podemos depender de algo que, puesto que Dios lo da como Él quiere, no representa una manifestación que dependa de nuestro control, o representa una demostración de nuestra actitud para con Dios. A eso me refiero cuando hablo del refrán que dice que nos preocupamos por medios días, habiendo días completos.

El Espíritu Santo <u>ya está</u> manifestándose constantemente en la iglesia por medio del fruto del Espíritu. Él está con nosotros. Sin embargo, pretendemos dar mayor atención a las manifestaciones espirituales en nuestra vida en lugar de vivir una vida donde el Espíritu se manifieste. Olvidamos que el llamado de Dios no es a vivir en los dones. Es a vivir en el Espíritu. Nos gozamos de las bendiciones de Dios, no obstante, nuestro gozo está cimentado en el Dios de las bendiciones. Dios se manifiesta de manera especial mediante los dones del Espíritu, pero éstos son repartidos de acuerdo a la soberanía y propósito específico de Dios. En cambio, nuestra plenitud de vida cristiana se manifiesta a través del Fruto del Espíritu.

No queremos, de ninguna manera, menospreciar los dones espirituales. Soy el primero en afirmar que los dones del Espíritu se *tienen* que manifestar en la iglesia.

De hecho, es en la iglesia donde único se manifiestan los dones del Espíritu Santo. También afirmo que los dones del Espíritu se siguen manifestando en la iglesia de hoy. Pero los dones del Espíritu no se manifiestan a nuestro antojo o por nuestro comando. Se manifiestan *únicamente* cuando Dios quiere que se manifiesten, y siempre y cuando cumplan con Su propósito. Se manifestarán cuando Dios quiera glorificarse en la iglesia y para la edificación de la iglesia.

No obstante, no podemos vivir una plenitud de vida cristiana mientras nuestra expectativa de crecimiento dependa de algo que no necesariamente todos vamos a experimentar exactamente igual, y que no depende de nuestra elección.

Por eso el resto del capítulo 12 de 1 Corintios es repetitivamente específico en el sentido de que no todos somos ojo, o mano o pie.

Aquí encontramos otra verdad que ignoraban los corintios, y que en muchas ocasiones ignoramos nosotros. Los dones espirituales no nos pertenecen a nosotros. Le pertenecen a Dios. Por tanto, la manifestación de estos dones no le adjudica título de propiedad a nadie. Los dones espirituales se manifestarán en la iglesia, como Dios quiera y usando a quien Dios quiera.

Para añadir un poco más en la explicación de este tema, vayamos a un pasaje que es particularmente controversial en este sentido.

En Hechos 2 encontramos la manifestación espiritual ocurrida el Día de Pentecostés. Usted me dirá, ¿qué tiene que ver este pasaje con la cuestión de la apropiación y adjudicación de los dones espirituales? Bueno, recuerdo nuevamente las palabras de mi compañero pastor, el Dr. Samuel E. Pérez. Él dice que si le hacemos a la Biblia buenas preguntas, ella nos dará buenas respuestas.

La respuesta a la pregunta anterior la encontramos en Hechos 2:2. Los discípulos fueron enviados a Jerusalén a recibir el poder del Espíritu Santo. Ellos sabían que recibirían algo, pero no sabían exactamente qué iban a recibir o cómo lo iban a recibir. Entonces, en Hechos 2:2, la Palabra nos dice que el estruendo como viento recio que llenó toda la casa vino *de repente y del cielo*.

Aquí tenemos unos elementos interesantes sobre la manifestación de los dones espirituales que debemos considerar. La manifestación del Espíritu Santo no está sujeta a precondiciones humanas. Más bien responden a la soberanía de Dios y estarán condicionadas a las disposiciones de las Escrituras.

Dios no hará nada que se salga de lo dispuesto por Su Palabra. Recordemos además que la Palabra de Dios dice en 1 Corintios 12:7 que estas manifestaciones serán para provecho. No para causar confusión ni división. Desde ese espectro de posibilidades, no necesariamente sabremos exactamente lo que Dios hará, pero ciertamente sabemos que Dios hará algo.

Por otra parte, el hecho de que este estruendo vino de repente y del cielo confirma la verdad bíblica de que estas manifestaciones espirituales y estos dones espirituales no están sujetos a nuestro control o nuestra voluntad.

- Vino de repente, no cuando ellos lo determinaran.
- Vino del cielo, no por origen o determinación humana.

La manifestación de estos dones *siempre* estará sujeta a la voluntad del Dueño de estos dones.

Por eso es que nuestra vida cristiana no puede estar fundamentada sobre los dones espirituales, sino sobre el fruto del Espíritu que es, en definitiva, la forma en la que el Espíritu Santo se manifiesta de manera práctica en cada uno de los miembros del cuerpo de Cristo.

Es muy triste pensar que, teniendo el Espíritu Santo desde que creímos (Efesios 1:13), muchos prefieren vivir como si no lo tuvieran, porque no tienen este o aquel otro don espiritual. Peor aún, muchos creyentes viven pidiendo el Espíritu Santo sin entender que desde que creyeron sinceramente y de corazón *ya lo tienen*.

Nunca olvide que ya Dios le ha dado Su Espíritu. Recuerde que por medio del Espíritu Santo ya usted ha recibido dones, y que estos dones ya usted los está utilizando para la gloria de Dios y para bendición de su vida y de los que le rodean.

Por otra parte, Dios le dará dones espirituales cuando El quiera glorificarse en la iglesia y en su vida de una forma particular. Pero, por favor, no olvide que ya Dios le ha dado a cada uno de los suyos la manifestación del Espíritu, (1 Corintios 12:7), y si usted ha reconocido a Cristo como el Señor de su vida y Salvador de su alma, y se mantiene perseverando fiel y firme, usted es parte de esos que son Suyos, y la manifestación del Espíritu Santo está en usted.

Por supuesto, los dones espirituales siempre han sido y siempre serán necesarios en la iglesia.

Debemos entender que los dones espirituales son la garantía visible de que Dios está en Su iglesia. Pero de otra parte, el fruto del Espíritu es la garantía visible de que la iglesia está en Dios.

Tenga por segura esta verdad. Dios hará en Su iglesia lo que tenga que hacer para bendición y edificación. Para eso, utiliza los dones.

Pero recuerde que nuestra relación con Dios requiere que nuestra vida sea una de compromiso, obediencia y amor a Dios y al prójimo. Para eso, tenemos el fruto del Espíritu.

No pretendo desalentarlo si usted quisiera tener la mayor cantidad de dones posible. De hecho, de alguna manera eso es lo que recomienda el mismo Apóstol Pablo cuando nos exhorta a procurar los mejores dones. (1 Corintios 12:31). Sin embargo, recuerde que tal cosa no depende de usted, sino de Dios, para Su propósito y para Su gloria. No todos son pastores, no todos tienen dones de sanidad ni todos hablaremos lenguas. (1 Corintios 12:29-30).

Por tanto, no se preocupe por lo que no tiene. Ocúpese en lo que ya tiene. No se preocupe por medios días, teniendo días completos...

ESTAD SIEMPRE GOZOSOS

Lectura: 1 Tesalonicenses 5:16

Al escuchar o leer este versículo, y analizarlo de primera intención, nos sentiríamos tentados a decir que, tristemente, este texto no podemos aplicarlo a la totalidad de nuestra vida, porque no todo el tiempo nos sentimos alegres o felices. Sin embargo, este simple versículo de 3 palabras tiene profundas enseñanzas para nosotros.

1. El gozo NO es un sentimiento.

Tenemos que considerar que el gozo, al igual que el amor, nos es dado por el Espíritu Santo como parte del Fruto del Espíritu. Es por esta razón que, al igual que el amor, el gozo se convierte para nosotros en un mandamiento. Si el gozo, el amor, o cualquiera de los otros componentes del fruto del espíritu dependieran de nuestro estado de ánimo, ¡válgame! Dios nos coja confesados.

Usted me dirá: Bueno, tal vez el gozo no es un sentimiento, ¡pero el gozo se siente!! Yo le contestaría que eso es muy cierto. El gozo se puede sentir, pero el gozo no es un sentimiento. Y es que el gozo, al igual que el amor, se siente *porque se expresa*.

Es necesario expresar el gozo. De otra manera, no se puede sentir. El gozo, al igual que el amor, se ejercita con la demostración.

Considere estas 2 observaciones relacionadas directamente con el pensamiento que estamos desarrollando. Note bien, en primer lugar, que la exhortación de Pablo **no** estaba dirigida o condicionada a que los tesalonicenses *sintieran* el gozo. La exhortación era a que lo *manifestaran*.

Esta exhortación, por otra parte, se convierte en un mandamiento porque es el mismo Dios quien lo está requiriendo. Dios lo pide, y si es Dios quien lo pide es porque es posible estar siempre gozosos. Dios **nunca** le pedirá algo que no sea posible realizar.

Pero, ¿de qué depende?

2. Definición de "gozo".

La palabra "gozo" viene del griego "*jará*", que significa "jarana, jolgorio, festivo". El gozo se define como la expresión propia de estar en presencia de algo muy deseado.

Vemos claramente que el gozo es también un verbo. Es una expresión. Implica acción. Por lo tanto, no se trata de algo que solamente se siente, sino que también es algo que se hace.

Ahora bien, esto es una definición general. Sería interesante ver cómo lo define la Palabra. Consideremos lo que nos dice Nehemías 8:10.

"... *porque el gozo de Jehová es nuestra fortaleza".*

Veamos. Si no entiendo mal, el gozo significa fortaleza. Pero todavía hay más. Consideremos ahora lo que nos dice Salmos 16:11.

"... *En tu presencia hay plenitud de gozo, delicias a tu diestra para siempre".*

¡Esto se pone más interesante! El gozo tiene que ver también con presencia. Tiene que ver realmente con fortaleza y presencia. Y ahora, ¿qué?

Bueno, combinemos lo que tenemos. Si combinamos estos 2 versículos con la definición que tenemos de gozo, podemos entonces definir el gozo como la <u>fortaleza</u> que experimentamos al estar en la <u>presencia</u> de <u>algo muy deseado</u>, o sea, **DIOS**.

¿De qué depende, entonces, nuestro gozo? De estar en la presencia de Dios. Por eso es que el gozo se convierte en un mandamiento. Todo aquel que desee o procure estar gozoso debe desear y procurar la presencia de Dios.

No obstante, esta experiencia de gozo es mucho más significativa y desafiante. Estar en la presencia de Dios es maravilloso, pero permanecer en la presencia de Dios es realmente extraordinario. Por tanto, nuestro gozo depende de estar y permanecer en la presencia de Dios.

Ahora bien, ¿que sería para nosotros "permanecer en la presencia de Dios?" Permanecer en la presencia de Dios es, en su antítesis, permanecer alejados de aquello que nos aleja de Dios: El pecado. ¿Vemos ahora porque "estar siempre gozosos" sigue siendo un mandamiento? Significa en otras palabras:

NUESTRO GOZO = PERMANECER EN LA PRESENCIA DE DIOS = ESTAR ALEJADOS DEL PECADO.

El gozo, entonces, deja de ser algo que nosotros podemos sentir y se convierte en algo que podemos hacer. Se convierte en un estilo de vida. No en balde Dios lo incluye dentro del Fruto del Espíritu, porque el Fruto del Espíritu es lo que define nuestra vida. Visto de la manera que lo vemos ahora, entendemos por qué Dios lo pide. Y es que, tanto el amor, el gozo, la paz, paciencia, benignidad, bondad, la fe, mansedumbre y la templanza son, sin lugar a dudas, LA GUIA OFICIAL DEL COMPORTAMIENTO DEL CRISTIANO.

Ahora bien, ¿cuándo es que apreciamos más el gozo en nuestras vidas? ¿Cuándo es que realmente lo aquilatamos? Cuando lo perdemos, ¿cierto? ¿Qué sucede, entonces, cuando perdemos el gozo? Se desarrolla un ciclo que mencionamos a continuación.

3. Desarrollo del ciclo de pérdida.

En primer lugar, y a la luz de la definición que hemos mencionado, cuando perdemos el gozo sentimos la profunda y desesperante sensación de sentirnos lejos de Dios. Sentimos que ya Su Espíritu no nos conforta.

No confundamos, sin embargo, este hecho con el pensamiento generalizado de que si nos sentimos alejados de Dios es porque estamos en pecado. Estar alejados de Dios es el peor de los pecados. De eso no hay duda. Pero *sentirnos* alejados de Dios es algo muy diferente. No obstante, no deja de ser peligroso. Sentirnos alejados de Dios puede colocarnos en un umbral donde ciertamente quedaríamos expuestos a pecar. Es por eso muy necesario que permanezcamos en la presencia de Dios.

Pero, cuando esta sensación de lejanía comienza a experimentarse, comienza a su vez un Ciclo de Pérdida a nivel de todos los elementos del Fruto del Espíritu.

Es como si por la pérdida del gozo, comenzaran a derrumbarse los demás componentes del Fruto del Espíritu. Observemos detalladamente este ciclo:

- Cuando perdemos el gozo, empezamos a debilitarnos en la fe. Perdemos el deseo de creer.
- Si empezamos a dejar de creer, comenzamos a perder el amor, que es nuestra capacidad o deseo de hacer.
- Si hemos empezado a dejar de creer y de hacer, empezamos a abandonar nuestro sentir para con Dios y para con los hombres, o sea, empezamos a perder la benignidad y la bondad.
- Si ya no estamos bien ni con Dios ni con los hombres, entramos en un estado de guerra. Empezamos a quedarnos sin paz.
- Si ya no tenemos paz en nuestro corazón, empezamos a perder la paciencia muy fácilmente y comenzamos a abrigar el odio en nuestro corazón.
- Ya en este punto, hemos perdido ese carácter de mansedumbre, que es el verdadero carácter de Dios.
- Y si ya hemos perdido todo esto, entonces es que finalmente perdemos nuestra firmeza en Dios, o sea, la templanza. Sin la templanza, perdemos el gobierno de Dios en nuestra vida. Estamos oficialmente alejados de Dios.

Y, desde luego, estar alejados de Dios es estar en pecado.

En resumidas cuentas, si perdemos el Fruto del Espíritu, entonces hemos perdido El Espíritu Santo, y sin el Espíritu Santo estamos totalmente perdidos.

Ahora bien, usted me dirá: "Pastor, es que no todo el mundo tiene esa capacidad de crecimiento. La teolosis (formación y crecimiento en Dios) de cada persona es muy diferente. Unos dan fruto a 100, otros a 60, y otros a 30".

Permítame relatarle una experiencia muy particular. Esta experiencia fue un pequeño experimento que realicé un domingo en la mañana con la congregación mientras predicaba sobre este tema.

En medio de la predicación bajé del púlpito y llamé al frente a 3 personas. Llamé a uno de los músicos, un hombre joven. Luego llamé a una de las ancianas de la iglesia. Finalmente, llamé a un niño de algunos 8 a 10 años.

A los dos adultos les pedí que se rieran. Al principio me miraron un tanto extrañados por mi petición, pero no tardaron en sonreírse, y casi inmediatamente comenzaron a reír muy felizmente.

Luego, hice algo diferente con el niño. Para su sorpresa, le pedí que no se riera. El pobre chico trató, pero no pudo aguantarse, y en cuestión de varios segundos comenzó a reírse tan abiertamente que las carcajadas inundaron el templo. Para el final de la prueba, todos los demás hermanos de la congregación comenzaron a reír a mandíbula batiente.

Este ejercicio me permitió probar una tesis. La tesis consiste de varias afirmaciones que deseo destacar y que espero puedan recibir y aplicar.

1. Todos tenemos la misma capacidad de manifestar gozo.

¡Sin importar la edad! Podemos decir, incluso, que si todos tenemos la misma capacidad de tener gozo, entonces todos tenemos la misma capacidad de recibir el Fruto del Espíritu y entonces, todos también tenemos la misma capacidad de recibir el Espíritu Santo de Dios. Esta capacidad no es exclusiva de algunos. Todos somos capaces.

2. Podemos estar gozosos a pesar de nuestros problemas.

A todo el que le pedí que se sonriera, se sonrió, a pesar de que es sabido de nosotros que cada uno de ellos puede tener diferentes problemas. Diversos. De cualquier tipo.

Por tanto, podemos afirmar que nuestro gozo no depende de los problemas que tengamos y que los problemas no determinan nuestro gozo. Nosotros no dejamos de sentir gozo cuando llegan los problemas. ¡Nosotros nos sentimos gozosos a pesar de nuestros problemas!

3. El gozo es contagioso.

Hubo muchos de los que estaban en la congregación que, a pesar de que no les pedí que se sonrieran, aún así lo hicieron. Esto nos enseña que nosotros podemos contagiar a otros con nuestro gozo. Por eso Pablo pudo exhortar a los tesalonicenses a que estuvieran siempre gozosos.

Es por eso también que yo lo exhorto a estar siempre gozoso. No tengo que sentirlo. Tengo que vivirlo. Tiene que convertirse en un estilo de vida.

4. Estar gozoso es una demostración de la actitud de obediencia que le profesamos al Dios que nos da Su Espíritu.

Note usted que, para todos los efectos, el niño desobedeció mi orden. El niño, por su naturaleza, escogió lo que más fácil le resultó.

A pesar de la circunstancia adversa y contraria que le presenté, el niño escogió responder de manera gozosa. El niño prefirió reír.

¡Qué sabio es Jesús! No en balde nos enseñó a que fuéramos como niños. El niño sonríe, está gozoso, no importando su circunstancia. El gozo es parte de su naturaleza, de su carácter. Y esa misma naturaleza, ese mismo carácter, debe ser el que se manifieste en un creyente que tiene el Espíritu de Dios y que, por consiguiente, vive de acuerdo al Fruto del Espíritu.

Es posible estar siempre gozosos. Nuestro gozo no depende de lo que suceda en mi vida cristiana. Nuestro gozo depende de nuestra vida en Cristo. Depende de estar y permanecer en Dios, a pesar de lo que suceda.

El mandamiento de Dios de estar siempre gozosos deja de parecer un capricho imposible, y se convierte en una bendición. A pesar de la circunstancia que nos rodee, podemos ir por encima de la circunstancia, y estar siempre gozosos.

Por tanto, así como el gozo es un mandamiento de parte de Dios, de esa misma forma se convierte en una decisión nuestra. Usted decide y escoge.

Los problemas y circunstancias difíciles se presentarán de todas formas, y no negamos que en su momento afligirán nuestro espíritu. No obstante, la intención del Espíritu de Dios en nosotros no es que permanezcamos en el estado de aflicción que los problemas y dificultades pudieran sugerirnos. *Sentirnos* tristes es posible, pero *estar* gozosos es la experiencia constante que nos eleva sobre el problema y por sobre el sentimiento de aflicción que nos provoca. *Estar* es mejor que *sentir*. Estar en la presencia de Dios representa el gozo inquebrantable ante el dolor y la angustia de un sentimiento que, a final de cuentas, es pasajero.

Escoja obedecer a Dios alejándose del pecado, permaneciendo en Su presencia y estará... ¡siempre gozoso!

¿DONDE ESTA LA PALOMA?

Lectura: Juan 14:27

Recientemente, en la clase dominical de nuestra iglesia, una hermana desarrollaba el tema de la paz. El enfoque de la clase estaba dirigido hacia los pacificadores. Siendo así, ella trajo varios dibujos de símbolos representativos de la paz. Sus dibujos eran:

- El símbolo *hippie* de la paz.
- La "V" con los dedos de la mano.
- La bandera de la paz.

Cuando mostró este último símbolo, (tres pequeños círculos rojos conformando un triángulo, encerrados dentro de otro círculo rojo más grande, con un fondo blanco), y lo identificó como la bandera de la paz, le comenté a mi esposa:

"¿Dónde está la paloma?".

Mientras buscaba información en el Internet sobre este símbolo, encontré que el mismo no es un símbolo nuevo. Esta bandera de la paz con estos círculos rojos fue establecida el 15 de abril de 1935 por el llamado Pacto de Roerich, firmado por el Presidente Roosevelt y 21 países latinoamericanos.

El propósito principal de este símbolo era identificar todos los monumentos culturales históricos en tiempos de guerra para evitar su destrucción. Nikolai Roerich, su creador, impulsó su idea basándose en la siguiente frase: "Donde hay paz, hay cultura. Donde hay cultura, hay paz".

En 1983, la Red de Arte Planetaria revivió la bandera y comenzó a utilizarla nuevamente como símbolo de la paz a través de la cultura y el poder del arte. Esta Red de Arte Planetaria ha pretendido establecer la cultura y el arte como instrumentos de transformación para establecer la paz.

¿Por qué quiero que usted considere conmigo esta información? Porque, ciertamente, en esta manifestación particular de la paz se encierra una peligrosa forma de pensar para toda la humanidad que no es del todo cierta.

En primer lugar, es cierto que donde hay paz hay cultura. Un ambiente de paz promueve el desarrollo integral de los individuos, incluyendo el aspecto cultural. Pero, por otra parte, no necesariamente donde hay cultura hay paz.

Los pueblos romanos y griegos vieron subir y florecer poderosos imperios. En adición, sus culturas eran ricas y abundantes en toda clase de expresión artística.

Estas culturas todavía influyen las culturas de occidente hasta nuestros días. No obstante, estos imperios sucumbieron ante cruentas y sangrientas guerras. Algunas de ellas se libraron por largos años.

En la historia moderna han existido países culturalmente poderosos, sin embargo, han sido igualmente protagonistas de guerras y conflictos mundiales. Estados Unidos, Alemania, China, Japón y el Medio Oriente son cunas de las más exquisitas culturas del siglo pasado. Sin embargo, tanta expresión artística y cultural no ha evitado que estos mismos países hayan protagonizado las guerras más violentas que registra la historia. Por tanto, donde hay paz puede haber cultura, pero donde hay cultura no necesariamente hay paz.

En segundo término, conviene que analicemos el simbolismo de esta llamada bandera de la paz. La bandera de la paz se compone de tres esferas rojas. Cada una de ellas es representativa de todas las artes, todas las ciencias y todas las religiones. El círculo que las rodea representa la unidad de las culturas humanas integradas. El color rojo representa el color de la sangre humana como una sola sangre en la que estamos unidos. Por último, el color blanco de fondo representa la verdad universal.

Una verdad en la que se reúnen, o se pretenden reunir, todos los pensamientos humanos y se convierten en uno.

Esta forma de pensar no es nueva. Desde los emperadores del Imperio Romano se procuró que todos los pueblos y todos los hombres tuvieran un pensamiento uniforme, donde todas las culturas, costumbres e ideas religiosas se pudieran fundir en una sola. A medida que los imperios se expandían, y conquistaban otros pueblos, daban paso a la tolerancia cultural, permitiendo e integrando dichas culturas en un concepto total propio de sus conquistadores.

De esa forma, la cultura del pueblo conquistado pasaba a ser una contribución adicional a la ya diversa y amplificada cultura del imperio. Naturalmente, la religión fue un aspecto social importante en el que manifestó igualmente esta integración.

A esta práctica se le conoce en la historia como *helenismo*. Fue esta nueva modalidad de pensamiento religioso la que dio paso a la persecución de la iglesia desde sus inicios, porque, obviamente, la iglesia de Dios no estaba dispuesta a comprometer sus valores y enseñanzas bíblicas con la "mogolla" religiosa y la adoración a dioses paganos.

Actualmente, uno de los propósitos que se persiguen al restablecer este símbolo como la bandera de la paz es aglutinar todos los pensamientos, todas las culturas y todas las religiones como una de carácter universal entre todos los hombres. ¿Se da cuenta del peligro que representa este pensamiento?

No obstante, cabe mencionar que aún con toda esta influencia operando sobre la humanidad no ha sido posible establecer un concepto o un ambiente de paz real. En este sentido, conviene observar que nada de lo que este pensamiento establece es cierto, porque su efecto no se ha visto en la práctica.

Baso mi comentario en una enseñanza fundamental de Jesús. En Mateo 7:16 Jesús advierte a sus discípulos que, *"por sus frutos los conoceréis"*. A juzgar, entonces, por lo que el hombre ha producido o no producido en términos de la paz, los frutos deseados por todos estos esfuerzos nunca han podido materializarse. Por otra parte, todos estos símbolos no son, en esencia, símbolos de paz. Sus propósitos no han sido los de establecer la paz, sino los de evitar la violencia o la destrucción. Esto, aunque suena parecido, no es lo mismo ni se escribe igual, porque el llamado no ha sido hacia la eliminación de las diferencias, sino a la tolerancia y la aceptación de estas diferencias.

El resultado ha sido el que todos conocemos. Las diferencias siguen siendo la causa principal de las guerras. Los parches y las inyecciones alivian, pero no sanan, lo que significa que, por cuanto las diferencias continúan, las guerras también continuarán.

Desde esa perspectiva, nuestro razonamiento nos lleva a pensar que los hombres hemos estado procurando establecer la paz en la tierra, pero desde una premisa equivocada. No se establece la paz para eliminar la guerra. Eso sería decir que la paz es una causa. La paz, en todo caso, es un resultado. Es el resultado de la total ausencia de la guerra.

La Palabra de Dios nos presenta en Gálatas 5:22 que la paz es parte del fruto del Espíritu. En ese sentido, la paz no es una causa, sino un fruto. Un resultado de algo. Es el producto de haber eliminado primero la guerra.

Invertir el proceso no es garantía de que la guerra desaparecerá. Podremos tener periodos de paz cuando la imponemos por un tiempo determinado. A eso se le conoce como tregua. No obstante, a la paz no podemos utilizarla como arma contra la guerra. La paz no es un instrumento contra la guerra. La paz es el resultado de la eliminación de la guerra. La paz no es un método o un antídoto. La paz es un resultado. Es un fruto.

Por otro lado, aún cuando las naciones no estén en guerra, no significa que los habitantes de estos países están en paz. En Puerto Rico, por ejemplo, hemos perdido alrededor de 50 hermanos a causa del conflicto en Irak. No obstante, al momento que escribo este pensamiento, mueren anualmente en Puerto Rico cerca de 500 personas por accidentes de tránsito, alrededor de 400 personas por suicidios, y aproximadamente 1,000 personas son asesinadas.

¿Qué significa esto? Que, aún cuando Puerto Rico no está en guerra, prácticamente tenemos los resultados propios de vivir en una guerra civil. Siempre hay un vacío. Siempre falta algo. El mundo habla de paz, pero no vive en paz.

Nosotros los cristianos, desde el punto de vista bíblico, sabemos que el pecado trajo a la humanidad, desde sus inicios, guerra y enemistad. Génesis 3:15 nos dice que, por cuanto la serpiente engañó a la mujer, habría enemistad entre ella y la mujer, y sus respectivas simientes.

No es, entonces, hasta que Cristo viene a la tierra, que la posibilidad de paz para los hombres se hace real.

Romanos 5:1 nos dice:

"Justificados, pues, por la fe, tenemos paz para con Dios por medio de nuestro Señor Jesucristo". (RVR60).

Por eso me parece muy interesante la declaración que hace Jesús en este texto de Mateo 14:27. Primero, Cristo nos indica en la primera parte del texto que Él nos deja la paz. Al decir, "La paz os dejo", está indicando que es Él quien hace posible que la paz sea una realidad para todos los hombres, porque sólo Jesús es el único que puede redimir a la humanidad de su pecado. Sólo Jesús es el único y verdadero Cordero de Dios que quita el pecado del mundo. Por tanto, Cristo establece que sólo Él es el único Salvador y mediador para todos los hombres. (1 Timoteo 2:5).

¿Qué sigue a continuación? Una vez que dejamos que esa posibilidad real de paz sea una realidad en nuestra vida, entonces Jesús nos da *Su paz*. Note bien que Jesús nos dice, "La paz os dejo", pero inmediatamente nos dice, "*Mi* paz os doy". Una paz que, a todas luces, y considerando la forma en la que Jesús se expresa en el pasaje, es una paz diferente. Esta no es meramente una paz que Él deja. Esta es una paz que Él da.

Pero esta paz, a diferencia de la paz que Cristo dejó como una posibilidad, sólo puede convertirse en realidad si dejamos que Cristo elimine de nosotros el pecado por medio de Su sangre. Es necesario que, para que Cristo nos dé Su paz, pasemos de una *posibilidad* de salvación a una *realidad* de salvación.

Todos los hombres, ciertamente, tienen la posibilidad de ser salvos. Pero, solamente aceptando el sacrificio de Cristo por nuestros pecados, y recibiéndolo como Señor y Salvador es que seremos verdaderamente salvos. Solo Cristo llena ese vacío en los hombres. Ese "algo" que falta en la humanidad para que pueda estar verdaderamente en paz se llama JESUCRISTO.

Luego, Jesús hace una importante distinción sobre la paz que Él da. Nos dice al final del texto que Él nos da la paz, pero no de la forma que el mundo la da. Como ya hemos comentado, la paz que Cristo da no está sujeta a que pongamos a tregua nuestros pecados. No se trata de aceptar a Cristo como Salvador, y luego regresar a nuestro pecado de antes.

Es por eso que la paz, aún a nivel social, no se establece a la fuerza por sobre la guerra, porque eso, de por sí, es hacer guerra. En esa dinámica, ciertamente, no hay paz.

Solo la verdadera eliminación del pecado produce la verdadera paz. Por lo mismo, solo eliminando las verdaderas causas de la guerra es que podremos finalmente ver la paz en la tierra. La paz, entonces, no es una causa, sino un efecto. Un resultado. Una consecuencia.

Por otro lado, la paz de Jesús no está sujeta a los conflictos que nos puedan rodear. El mundo puede estar en conflicto, pero nosotros podemos estar en paz porque tenemos la paz de Jesús. ¿Ven ahora por qué solamente Cristo puede dar una paz diferente a la que el mundo da?

Nuestra paz, la paz que Cristo nos da por medio del perdón de nuestros pecados, no está condicionada a los vaivenes del mundo que nos rodea. El mundo podrá experimentar paz, pero nosotros sabemos que ese periodo de paz sólo durará muy poco, pues el pensamiento de los hombres siempre irá de continuo al mal. (Génesis 6:5). Mientras el hombre insista en su pecado no habrá verdadera paz en la tierra.

En cambio, nosotros gozamos de una paz que sobrepasa los conflictos de los hombres. Mejor aún, por cuanto la paz que Cristo da a los hombres es única, nadie aquí en la Tierra podrá quitarnos esa paz.

Nuestra paz no es una paz que controlan los hombres. Nuestra paz está solamente bajo el control de Dios.

Ahora bien, ¿qué pasó con la paloma?

Entiendo, por el análisis que hemos hecho, que eliminar la paloma como símbolo de paz es eliminar la expresión bíblica de la paz para la humanidad. La Palabra de Dios nos presenta, al menos, 2 acontecimientos importantes que son significativos en cuanto a la manifestación de la paz de Dios en la Tierra.

En el Antiguo Testamento, encontramos registrado el diluvio universal. Cuando finalmente las aguas comenzaron a descender, y el arca se posó sobre el Monte Ararat, Noé envió varias veces una paloma para verificar si ya se podía salir del arca. En una de esas ocasiones, la paloma regresó al arca con una rama de olivo en su pico. Durante mucho tiempo se ha utilizado esta imagen de la paloma con la rama de olivo en el pico como símbolo de la paz.

Por otra parte, el Nuevo Testamento también registra un evento muy particular. Narra la Escritura que cuando Jesús fue bautizado por Juan El Bautista, de los cielos descendió El Espíritu Santo en forma de una paloma que se posó sobre Jesús.

¿Qué pretendo demostrar con estas 2 narraciones?

En primer lugar, ambas manifestaciones simbólicas de la paz en forma de paloma se presentaron en momentos en los que la humanidad experimentaba un enorme vacío. En el Antiguo Testamento, la paloma con la rama de olivo en su pico representó la certeza de que el vacío provocado por el diluvio se desaparecía. Esa paloma con una rama de olivo en su pico significaba que ese vacío en la Tierra no era un vacío permanente. Era la promesa de que Dios volvería a llenarlo todo.

En el Nuevo Testamento, la representación fue mucho más clara. Cuando Juan El Bautista se expresó acerca de Jesús, dijo claramente que Jesús era el Cordero de Dios que quita el pecado del mundo. Era en Cristo en quien se manifestaba la posibilidad de salvación y redención anunciada y prometida.

Jesús vino a llenar el vacío provocado por la distancia creada por el pecado entre Dios y los hombres. La Palabra de Dios nos refiere en Efesios 1:23 que Cristo lo llena todo. Por tanto, Cristo es la promesa del Padre para la humanidad de que Él volvería nuevamente a llenarlo todo. Pero, por otra parte, estas 2 manifestaciones simbólicas de la paz en forma de paloma representan un nuevo comienzo.

Representan una nueva vida. En ambos casos, representa una vida de verdadera paz. Una vida libre de pecado y de maldad. Ambas manifestaciones representaban, no sólo una nueva posibilidad para los hombres, sino una nueva realidad para los hombres.

Sólo en Cristo hay paz. No podemos eliminar la paloma. No podemos eliminar a Dios del panorama del mundo, porque sin Dios no hay, ni habrá paz.

Cristo ha hecho posible que la paz sea una realidad. Si dejamos entrar en nuestras vidas al Espíritu de Dios, a la paloma de la verdadera paz, entonces la paz será verdaderamente posible y real. Será el resultado de una vida separada del pecado, a pesar del mundo en el que vivamos.

Por otro lado, la paz no se negocia dejando a Dios fuera de la negociación. Por el contrario, debe ser Dios quien presida. La paloma no es meramente un símbolo. La paloma, el Espíritu de Dios en la vida del hombre, es una necesidad.

Esa es la verdad. La verdad universal establecida en la Cruz del Calvario. Solo esa verdad nos hará verdaderamente libres. Solo esa verdad nos dará la verdadera paz.

EL AMOR ERES TÚ

Lectura: Juan 1:1, 1 Corintios 13

Desde que el mundo es mundo, los seres humanos han tratado de definir lo que es el amor. Los poetas y escritores han querido darle al amor un significado poético. Los compositores, por su parte, le han dado características humanas, y hasta lo asocian con un beso, una mirada, unos ojos, el corazón, la vida, la pasión, etc.

Nosotros los cristianos le hemos dado varias definiciones. En primer lugar, decimos que el amor es Dios. 1 Juan 4 es un capítulo que habla extensamente sobre el amor. 1 Corintios 13 se ha convertido en la porción de la Escritura más utilizada para hablar del amor.

Por otra parte, hay muchos que piensan que el amor es un sentimiento. Por cierto, afirman que el amor es el sentimiento más sublime que existe. Sin embargo, hay otros que, como yo, afirmamos que el amor es un mandamiento. Jesús mismo, en Juan 13:34, nos dice:

"un nuevo mandamiento os doy; que os améis los unos a los otros". (RVR60).

Por tanto para nosotros, los que decimos amar a Jesús, amar no queda sujeto a cómo nos sintamos. Nuestro amor no está condicionado a si lo siento o no. Para nosotros los cristianos el amor no es un sentimiento, sino un mandamiento. Nosotros tenemos que amarnos los unos a los otros.

Ahora bien, si yo les pidiera a ustedes que me dieran una definición de amor, ¿qué me contestarían?

Seguramente muchos de ustedes me dirían cosas como:

- Amor es cuando ayudamos a nuestras esposas en las tareas de la casa.
- Amor es cuando le cocinamos al esposo su platillo favorito.
- Amor es cuando nos aceptamos tal y como somos.
- Y cosas parecidas a esas.

Recuerdo una caricatura que se publicaba en los periódicos, y que precisamente se llamaba *"Amor es...".* Por cierto, estas caricaturas eran muy simpáticas, sin embargo, yo pienso que usted estará de acuerdo conmigo en que definir la acción de amar es un tanto complicada. No es tan fácil como definir otros verbos.

Para explicar este pensamiento, le compartiré un ejercicio que realicé tiempo atrás.

En una ocasión compartía este tema con la congregación y le pedí a un jovencito que se pusiera de pie y caminara. El muchacho caminó por el pasillo del templo sin ningún inconveniente. Luego le pedí que corriera. También lo hizo. Luego le pedí que saltara. Igualmente, también lo hizo.

Pero luego le pedí que me amara. Luego de pensarlo un poco, el muchacho me abrazó. Le pregunté: "¿Por qué me abrazas?". Él me contestó, un tanto sorprendido por mi pregunta: "Porque usted me pidió que lo amara".

"Yo no te pedí que me abrazaras, yo te pedí que me amaras", le dije con toda la intención de confundirlo. Realmente lo logré. Le di las gracias y le pedí que se sentara nuevamente.

Luego le pedí a otro jovencito que se pusiera de pie, y sin darle ninguna explicación, le dije: "Ayúdame". Él se quedó pasmado por un momento. Luego abrió sus brazos y me dijo: "¿Qué hago?" Una vez más, con la intención de confundirlo, le dije que si no me iba a ayudar, que tomara asiento.

¿Qué quise demostrar con este ejercicio?

En primer lugar, es necesario mencionar que la acción de amar tiene una consideración muy particular en los escritos originales, particularmente en el texto griego. Esta consideración establece que el verbo amar, así como otros verbos como pensar y ayudar, son verbos considerados verbos intermedios.

¿Qué quiere decir un verbo intermedio? Un verbo intermedio es aquel verbo que no se puede demostrar en sí mismo, sino que necesita demostrarse a través de otro verbo, llamado verbo concreto.

Por ejemplo, caminar es un verbo que se demuestra por sí mismo. Usted camina, corre y salta y esos verbos no necesitan demostrarse con otra acción. Sin embargo, usted no puede demostrar, por ejemplo, el verbo *pensar* a menos que usted demuestre con otra acción que usted, en efecto, pensó. Si usted piensa en un número, pero no dice el número que pensó, nadie puede saber que, en efecto, usted pensó en un número.

Lo mismo sucede con el amor. Para llevar a cabo la acción de amar usted necesita demostrarlo con otro verbo. En el caso del jovencito, él me demostró amor mediante un abrazo. El verbo amar se demostró con el verbo abrazar.

El amor no se demuestra en sí mismo. No tiene una definición concreta, a menos que usted haga algo que lo demuestre. Si usted le dice a una persona "te amo" prácticamente no le está diciendo nada. Por lo general, puesto que no sabemos qué contestar a algo que no tiene definición propia, usualmente le contestamos a esa persona, "yo también". ¿No le parece extraño? Decirle "te amo" a una persona no tiene sentido, a menos que lo demuestre con otra acción.

Por cierto, ¿ha notado usted que en la Biblia no encontramos a Dios diciéndole a una persona "te amo"? Sin embargo, la Biblia está llena de ejemplos en los cuales Dios demostró su amor haciendo otras cosas. Dios mismo no da una definición concreta del amor, pero hizo muchas otras cosas que sí lo demostraron.

Veamos algunos pasajes que nos ayudarán a entender el amor de Dios en este sentido:

- En Génesis 18 encontramos a Abraham intercediendo por Sodoma y Gomorra. En todas las ocasiones que Abraham solicitó a Dios que no destruyera estas ciudades si había, al menos 10 justos, Dios le contestó que perdonaría la ciudad entera por amor a ellos. El amor de Dios se demuestra, entonces, por medio del perdón, aún cuando evidentemente no lo merezcamos.

- El Salmo 23 nos demuestra el amor de Dios cuando El mismo nos guía por sendas de justicia. Dios demuestra su amor guardando nuestros pasos y guiándonos con seguridad.

- Oseas 11:1 habla de que Dios amó a Israel. Sin embargo, ese amor tuvo una gran demostración. El texto dice que Dios amó a Israel llamando de Egipto a su hijo. El amor de Dios se demuestra cuando nos liberta de nuestra esclavitud, y cuando está constantemente llamando al cautivo.

- El mismo Jesús, cuando habla con el joven rico en Marcos 10:17, dice específicamente que le amó. Pero, ¿cómo lo demostró? Dejándolo ir. El amor de Dios es muchas veces sufrido ante nuestra indiferencia. Sin embargo, el amor de Dios se demuestra en las oportunidades que le da a la humanidad para que se arrepienta.

- Por último, Juan 3:16 es un texto extraordinario en la demostración del amor de Dios. El texto nos dice que Dios amó al mundo. Pero la demostración de este amor se evidenció en que nos dio a su único Hijo. El amor de Dios se demostró dando, y dándose.

Dios nunca le dijo a nadie "te amo". Dios, por su parte, demostró su amor a todos sin lugar a dudas.

Ahora bien, ¿se ha preguntado usted por qué el amor es tan inexplicable?

Debe ser porque el amor es Dios y Dios es amor. ¿Qué quiero decir con esto? Que así como el amor no se explica por sí mismo, así tampoco el concepto de Dios se explica por sí mismo. Al igual que el amor, nosotros podemos explicar lo que es Dios por medio de las cosas que hace. Así como el amor se demuestra con otras acciones, así también Dios se demuestra por sus acciones. Es por eso que Dios y el amor son, en este sentido, la misma esencia. Son verbos que se demuestran con otros verbos.

Juan 1:1 comienza estableciendo esta realidad. Nos dice que en el principio era el Verbo. Para mí, ese "Verbo" combina en una sola palabra tanto a Dios como al amor. El Verbo es donde Dios y el amor se encuentran y se hacen uno.

Vamos a demostrarlo utilizando ese mismo texto de Juan 1:1. Ahora, léalo cambiando la expresión "el Verbo" por la palabra "Dios". Diría algo como esto: "En el principio era Dios, y Dios era con Dios, y Dios era Dios".

Suena un tanto extraño, y hasta gracioso, sobre todo cuando este cambio nos dice que Dios era con Dios.

Sin embargo, no existe error ninguno en términos del concepto. Decir que Dios era con Dios es una demostración clara de que el concepto de La Trinidad (Padre, Hijo y Espíritu Santo) es un concepto de unidad. Aún cuando son 3 "personas", o 3 manifestaciones de Su carácter, Dios sigue siendo uno.

Ahora, cambiemos la palabra "verbo" por la palabra "amor". Entonces, el texto diría: "En el principio era el amor, y el amor era con Dios, y el amor era Dios".

Maravilloso, ¿no le parece? Decir esto es decir que el amor y Dios son lo mismo. Son uno. Son "el Verbo".

Pero eso no queda ahí. Tomemos el texto de Juan 1:14 y hagamos el mismo ejercicio. Si cambiamos "Verbo" por "Dios", el texto diría:

"Y aquel Dios fue hecho carne, y habitó entre nosotros, (y vimos su gloria, gloria como del unigénito del Padre), lleno de gracia y de verdad". (RVR60). (Palabras cambiadas).

Esta es la verdad del evangelio. Jesús, el Dios Hijo, vino a este mundo en carne, habitando entre nosotros, y siendo crucificado en pago por nuestros pecados. Dios fue hecho carne.

Ahora, si hacemos el mismo ejercicio, cambiando la palabra "Verbo" por "amor", entonces el texto diría:

"Y aquel amor fue hecho carne, y habitó entre nosotros, (y vimos su gloria, gloria como del unigénito del Padre), lleno de gracia y de verdad". (RVR60). (Palabras cambiadas).

Tanto "Dios" como "amor" no se explican, pero se demuestran. Fue por amor que Dios se hizo Verbo. Se hizo acción. Se hizo demostración.

Ahora bien, hemos demostrado que el amor es Dios. Por tanto, yo creo que, de igual forma, también podemos demostrar que Dios es amor. Para ello, hagamos el mismo ejercicio que hicimos en Juan 1 con otro pasaje de la Escritura. Tomemos en esta ocasión 1 Corintios 13:1-8.

Al hacerlo, no solamente estaremos demostrando que tanto Dios como el amor tienen la misma esencia, sino que también descubriremos parte del carácter de Dios. Características en las que seguramente no habíamos pensado de la naturaleza de Dios.

Si cambiamos la palabra "amor" por "Dios", 1 Corintios 13:1-8 diría de la siguiente manera:

"Si yo hablase lenguas humanas y angélicas, y no tengo a Dios, vengo a ser como metal que resuena, o címbalo que retiñe.

Y si tuviese profecía, y entendiese todos los misterios y toda ciencia, y si tuviese toda la fe, de tal manera que trasladase los montes y no tengo a Dios, nada soy.

Y si repartiese todos mis bienes para dar de comer a los pobres, y si entregase mi cuerpo para ser quemado, y no tengo a Dios, de nada me sirve.

Dios es sufrido, es benigno, Dios no tiene envidia, Dios no es jactancioso, no se envanece,

No hace nada indebido, no busca lo suyo, no se irrita, no guarda rencor,

No se goza de la injusticia, mas se goza de la verdad,

Todo lo sufre, todo lo cree, todo lo espera, todo lo soporta.

Dios nunca deja de ser, pero las profecías se acabarán, y cesarán las lenguas, y la ciencia acabará". (RVR60).

¿Hemos mencionado algo que no corresponda al carácter de Dios?

Aún cuando resulte extraño decir que Dios todo lo cree, esta es una verdad sin lugar a dudas de la personalidad de Dios. Dios todo lo cree porque para Dios no hay nada imposible. Es decir, a Dios no le resulta imposible creer que el hombre trate de mentirle o engañarle.

Dios sabe que esta es una posibilidad real dentro del comportamiento humano. Sin embargo, Dios no actúa gritándole mentiroso al hombre desde el cielo. Por el contrario, Dios, en su amor y misericordia lo que hace es sufrirlo y soportarlo. Es por eso que cuando el amor y Dios todo lo creen, lo que están haciendo es demostrando con acciones lo que es el amor de Dios y el Dios de amor.

Para cerrar con broche de oro, tomemos ahora 1 Corintios 13:13 y cambiemos una vez más la palabra "amor" por "Dios". El texto, entonces, diría:

"Y ahora permanecen la fe, la esperanza y Dios, estos tres; pero el mayor de ellos es Dios". (RVR60).

¿No es ésta acaso una declaración real? Yo diría que esta declaración es el todo para el hombre.

Nada es más real y permanente en la vida del hombre que la fe, la esperanza y Dios. El hombre podrá tener todo el mundo, pero si perdiese su alma, lo estaría perdiendo todo.

Nada hay para el hombre a qué aferrarse que no sea la fe de creer en el sacrificio de Jesús en la cruz para perdón de nuestros pecados, la esperanza de vida eterna en los cielos por haber creído en Cristo como Señor y Salvador de su vida y la realidad de un Dios que hace en Cristo que nuestra fe y nuestra esperanza sean reales y verdaderas. Y es precisamente, puesto que Dios es mayor que todas las cosas, que nuestra fe y nuestra esperanza pueden permanecer.

Noten ustedes que el hombre que está perdido, está precisamente viviendo sin Dios, sin fe y sin esperanza. Sin estos tres, como dice 1 Corintios 13:13.

¿Qué es el amor?

El amor es verbo. Es acción. El amor en sí mismo no significa nada, a menos que una acción lo demuestre.

El amor es Dios. Una esencia que el hombre no puede explicar, a menos que reconozca a Dios por las cosas que Él hace.

El amor tiene que ser Dios, porque si se trata de algo que hay que demostrar con una acción, se necesita a un alguien para que ejecute esa acción.

Ahora, como Dios y el amor no se explican por sí solos, a menos que se demuestre por una acción, es necesario que esa demostración sea visible. Y si Dios no es visible, y el amor tampoco es visible, ¿quién queda que sea visible, y que pueda demostrar amor por medio de las acciones?

La respuesta es simple: TÚ y YO. Es por medio de nosotros que el amor y Dios se hacen visibles al mundo. Somos tú y yo por quienes el amor y Dios tienen un sentido y un significado. En ti y en mí se demuestran lo que realmente significan el amor de Dios y el Dios de amor. Desde ese punto de vista, el amor deja de ser algo invisible y se convierte en algo visible. Desde ese punto de vista, podemos decir que el amor eres tú. Eres tú, y soy yo.

La iglesia, el cuerpo místico de Cristo, somos usted y yo. Por tanto, nosotros somos la representación de Dios en la Tierra. Si Dios y el amor han de ser manifestados en la humanidad, es a través de nosotros. El amor eres tú. El amor soy yo. Entonces, seamos amor, y siendo amor, demostremos a Dios...

METIDOS EN EL BARRIL

Lectura: Marcos 5:25-29, 6:5

En una ocasión se presentaba un reconocido malabarista en una gran cuidad. Su fama había dado la vuelta al mundo. Su acto más escalofriante y esperado por el público era el de cruzar sobre un barril un cable elevado a más de 100 pies de altura. Este acto lo había logrado en un sinnúmero de ocasiones con muchísimo éxito.

La presentación contó con un lleno total de espectadores. Por ser el acto más esperado, la caminata en el barril sobre el cable sería el último acto de la velada.

Finalmente, llegó el momento esperado. El malabarista comenzó a subir la estrecha escalera que lo llevaría a la pequeña plataforma desde donde se extendía hasta otro poste un cable de 25 pies de largo, a una altura de sobre 100 pies.

El público gritaba frenéticamente emocionado. De momento, el malabarista pició silencio al auditorio, y por medio de un micrófono instalado en la plataforma, le dirigió a la audiencia unas preguntas.

"¿Cuántos de ustedes creen que yo puedo realizar este acto?". - preguntó el malabarista. Casi de inmediato, toda la concurrencia contestó gritando en la afirmativa.

"¿Cuántos de ustedes creen que yo puedo realizar este acto con una persona metida dentro del barril?". – preguntó esta vez el malabarista. Nuevamente, la contestación del público fue casi de inmediato y en la afirmativa.

Lo que el público no esperaba era una tercera pregunta del malabarista. Una pregunta a la que nadie se atrevió a responder. Esta pregunta, no solamente silenció por completo al público, sino que tuvo el efecto de detener el acto en ese mismo instante. La tercera pregunta del malabarista fue: "¿Quién de ustedes quiere meterse dentro del barril?".

¿No sucede lo mismo en términos de la fe en Dios? Desafortunadamente, existe mucho público, entre ellos muchos cristianos, esperando que Dios haga algo. Queremos que Dios obre en nuestro matrimonio, nuestros hijos, nuestra economía, nuestra salud, nuestro trabajo, nuestra comunidad y hasta en el mundo entero. A muchos, incluso, les pudiera dar la impresión de que Dios no está haciendo nada, que está ajeno al sufrimiento humano o que simplemente no le interesamos.

Vemos un deterioro rampante en todas las áreas de la vida individual y social, que no sólo es nefasto y destructivo, sino que va en constante aumento. A nivel mundial vemos cómo el hambre y la miseria acaban con la vida de cientos de miles de niños, de comunidades y de países enteros. Desastres naturales y guerras amenazan la seguridad mundial. Ante este panorama, la gente se pregunta, ¿dónde está Dios?

La verdad que establece la Escritura es que Dios está con nosotros. En Mateo 28:20, Jesús nos dice que Él estará con nosotros, todos los días y hasta el fin del mundo. ¿Dónde está, entonces, que no lo vemos?

Yo pienso que, al igual que el malabarista en el espectáculo, Dios está con nosotros en el escenario del mundo. Algunos piensan que Dios está demasiado de muy alto en Su trono celestial. De igual manera, el malabarista estaba a 100 pies de altura. Sin embargo, aún cuando estableciéramos esto como cierto, esto no invalida el hecho de su presencia. Ambos están presentes. Ambos pueden ser vistos por todos. Ambos pueden ser alcanzados. El malabarista podía ser alcanzado subiendo la escalera. Dios también puede ser alcanzado por medio de la fe en Jesucristo.

Entonces, si esto es cierto, no debe quedarnos duda de que Dios está presente en toda circunstancia, aún cuando nos parezca que no está. No obstante, hay varias preguntas que todavía permanecen sin respuesta.

- ¿Cómo puedo ver que Dios está presente?
- Si Dios está presente, ¿cómo puedo alcanzarlo?
- Si Dios está presente, y puedo alcanzarlo, ¿qué puedo hacer para que Él haga algo conmigo?

Veamos cómo contestaremos la primera pregunta.

1. Para ver que Dios está presente es necesario fijar nuestra vista en la dirección en la que Él está.

En el caso del malabarista, para que la concurrencia pudiera ver que estaba presente, era necesario mirar en dirección a la plataforma que estaba a 100 pies de altura. Por el contrario, si el público miraba a otra dirección, no hubiese podido ver que, en efecto, el malabarista estaba en la plataforma.

En nuestra experiencia con Dios sucede lo mismo. No es posible que usted vea a Dios si no está fijando sus ojos en Dios.

Si usted está mirando hacia otra dirección, y usted no fija sus ojos en Dios, entonces usted no está mirando a Dios.

Dios está en todo lugar, pero hay lugares en los que Dios no se manifestará de la forma en la que usted está esperando que lo haga. Para que Jesús sea el consumador de nuestra fe, es necesario que pongamos nuestros ojos en Jesús. (Hebreos 12:2).

2. Para alcanzar a Dios es necesario moverse en dirección a Dios.

Si queremos alcanzar a Dios donde Él está, no podemos quedarnos simplemente mirándolo desde donde estamos. La mujer del flujo de sangre, (Lucas 8:40-48), llegó a ver a Jesús, pero verlo no era lo mismo que alcanzarlo. La mujer del flujo de sangre sabía que, para lograr que Jesús hiciera algo en su vida, no bastaba con simplemente mirarlo. Ella sabía que para alcanzar lo que ella quería de Jesús era necesario que ella alcanzara a Jesús.

Si queremos un beso o un abrazo de una persona, no enviamos a otra persona a buscarlo por nosotros. Nosotros vamos y lo buscamos para recibirlo. De igual forma, para alcanzar a Dios es necesario buscarlo.

Si hubiese habido un voluntario que aceptase el reto de meterse en el barril del malabarista, hubiese tenido que subir las escaleras para llegar a la plataforma donde estaba el malabarista y el barril. De otra forma, no hubiese mostrado verdaderamente su deseo de que el malabarista lo llevara al otro lado del cable dentro del barril.

Por lo mismo, la mujer del flujo de sangre no hubiera alcanzado a Jesús si no se hubiera metido entre la multitud.

Para encontrar a Jesús no basta con saber dónde está. Hay que salir a su encuentro.

3. **Para que Dios haga algo con nosotros es necesario someternos a Su voluntad.**

Finalmente hemos llegado al punto en donde veremos lo que esperábamos. El público esperaba que el malabarista realizara su acto más sensacional. Sin embargo, no sería hasta que alguien se metiera dentro del barril que el espectáculo continuaría.

Para que Dios haga ese algo que estamos esperando que Él haga en nosotros, no basta con saber dónde está. Me resulta curioso que muchos saben dónde buscar a Dios, y aún así no lo buscan.

Tampoco es suficiente poder llegar hasta Él. La mujer del flujo de sangre pudo llegar hasta donde estaba Jesús, sin embargo, eso no fue suficiente para que quedara sana. Era necesario realizar otra tarea. Todavía le faltaba hacer algo más.

Lo particular de ese algo que le faltaba hacer a esta mujer para que pudiera experimentar la sanidad que quería era que eso que le faltaba hacer carecía de sentido lógico. ¿No era más lógico detener a Jesús en el camino y pedirle que la sanara? Otros lo había hecho, ¿por qué no ella?

Era ilógico pensar que tocando el manto de Jesús ella quedaría sana. Por otro lado, estoy seguro que el poder de Jesús no radicaba en su manto. También estoy seguro que la mujer hubiera preferido encontrarse con Jesús en otra circunstancia. Hacer lo que iba a hacer implicaba un gran riesgo. ¿Se imaginan la vergüenza que hubiera pasado si tocando el manto de Jesús no hubiera quedado sana?

¡Tanto trabajo, tanta humillación! (Ella llevaba 12 años enferma. Seguramente había gente entre la multitud que la conocían y conocían su condición). Pero, a pesar de todo, ella estaba convencida de que Dios haría algo a su favor.

Sobre todo, sabía que lo que Dios haría algo, aunque no fuera de la forma que ella hubiera deseado.

- Ya lo había intentado todo.
- Estaba dispuesta a lo que fuera.
- No sería a su conveniencia.
- Sería al modo de Dios.

Para esta mujer, tocar el manto de Jesús era la demostración de que Jesús no tenía que hacer las cosas a la manera de ella, de la gente o de la lógica. Para ella bastaba con demostrar fuera de toda duda que confiaba en que Jesús haría lo mejor, aún cuando la propuesta fuera ilógica.

Hay otras formas de cruzar el cable y llegar al otro lado. No obstante, el acto del malabarista es grandioso porque él lo logra metiendo a una persona en el barril. Ese es su acto. Así es como él lo hace. Si usted lo quiere de otra forma, simplemente no se meta en el barril. Pero no trate de cambiar el acto. Usted no es el malabarista.

Con el acto de Dios sucede lo mismo. Dios lo cruzará al otro lado. Téngalo por seguro. Pero lo hará a Su manera. Él es el malabarista y dueño del acto. Él lo hará.

Esto nos lleva a considerar un último punto.

4. Para someternos a la voluntad de Dios es necesario creer en Su voluntad.

Cualquiera que hubiese subido hasta el malabarista hubiera subido con la fe de que, en efecto, el malabarista lo llevaría al otro lado. De otra manera, no hubiera subido.

Sin embargo, para que esto sucediese, hubiera sido necesario que la persona hiciera algo fuera de toda lógica aparente. Esa persona hubiera tenido que creer que el malabarista lo lograría, a pesar de que las condiciones no fueran del todo seguras, y aún cuando ciertamente hay otras formas de llegar al otro lado.

Esto establece una verdad bíblica muy importante. La obra de Dios en nuestra vida es Su respuesta a nuestro acto de fe. Eso quiere decir que si podemos creer que Dios lo hará, entonces Dios lo hará. Por otra parte, si no creemos que Dios lo puede hacer, Dios no lo hará.

En una ocasión Jesús llegó a su ciudad de crianza, Nazaret. Aún cuando Jesús es Dios, la Escritura señala que Él no pudo hacer muchos milagros en Nazaret.

Marcos 6:5 nos dice:

"Y no pudo hacer allí ningún milagro, salvo que sanó a unos pocos enfermos, poniendo sobre ellos las manos". (RVR60).

Dios es poderoso para hacer milagros aunque yo no lo crea, pero Dios no hará <u>en mi vida</u> el milagro que yo no crea que Él puede hacer. Si queremos que Dios recompense nuestra fe, tenemos que, en efecto, tener fe en Dios, ¿no le parece? En ese caso, si su fe es equivalente a cero, ¿cuál cree usted que será su recompensa?

Los seres humanos sabemos que Dios es poderoso. Eso lo comprobamos por las cosas que Dios ha hecho en el pasado. Tal vez por eso es que nos atrevemos a afirmar que confiar en Dios es bueno. De hecho, somos capaces de recomendárselo a todo el mundo. Pero confiar en Dios, lo que se dice confiar en Dios, muchas veces resulta muy difícil de aceptar.

La obra del malabarista no puede realizarse en nosotros si no nos metemos en el barril. Pero para meterse en el barril tenemos primero que mirar dónde está el malabarista. Luego, tenemos que subir las escaleras y llegar hasta donde él está. Finalmente, tenemos que rendirnos a la voluntad del malabarista. Si no observamos esos 3 pasos, no llegaremos al otro lado del cable.

La mujer del flujo de sangre tuvo primero que ubicar dónde estaba Jesús. Luego, tuvo que meterse entre la multitud. Finalmente, aún cuando hubiera preferido otra cosa, entendió que sería suficiente con tocar el manto de Jesús. Ella lo tocó con fe. Es con la fe que alcanzamos el milagro de Dios.

Es metiéndonos dentro del barril que llegaremos al otro lado del cable. Si no nos metemos en el barril para cruzar, somos meros espectadores del acto. Veremos lo que Dios hace, pero no lo experimentaremos en nuestra vida.

Tal vez tú estás esperando que Dios haga algo. Ahora bien, te das cuenta que, aunque estás esperando que Dios haga algo, te parece que no está sucediendo nada. Para ti, el acto está detenido. En efecto, es muy posible que ese acto en tu vida esté detenido. Lo que puede estar pasando es que el malabarista está esperando que tú te metas en el barril para continuar su obra.

Si sabes que Dios puede cruzar la distancia, y si has visto anteriormente que Dios ha cruzado la distancia llevando otras personas dentro del barril, ¿qué esperas para meterte?

El acto del malabarista espera por nosotros. Es momento de meternos en el barril...

LA PAZ-CIENCIA

Lectura: Lucas 21:19

En varias ocasiones mi suegro, el Rev. Francisco Colón y Morales, (como él se hace llamar), me ha hecho la observación de que, para desarrollar mis pensamientos, en ocasiones yo escojo versículos de la Biblia un tanto difíciles. Realmente, ¡no es mi culpa! ¡Él me enseñó así! Este texto es uno de esos casos.

Lucas 21:19 nos dice: *"Con vuestra paciencia ganareis vuestras almas"*. (RVR60). El pasaje es sencillo, no obstante, tuvo la capacidad de detenerme. Me puso a pensar en serio. Tanto así, que para poder entender un poco lo que este texto significa, busqué otras versiones de la Biblia para comparar. Mire las otras versiones que encontré:

- Biblia *Dios Habla Hoy* – *"¡Manténgase firmes, para poder salvarse!"*.
- *La Biblia de Las Américas* – *"Con vuestra perseverancia ganaréis vuestras almas"*.
- *Nueva Versión Internacional* – *"Si se mantienen firmes se salvarán"*.
- *Biblia en Lenguaje Sencillo* – *"Si ustedes se mantienen firmes hasta el fin, se salvarán"*.

- *Reina Valera Antigua 1602* – "*En vuestra paciencia poseeréis vuestras almas*".
- *New King James* – "*By your patience possess your souls*".
- *New International Version* – ""*By standing firm, you will gain life*".

¿Qué notaron? ¿Cuál es la cualidad o característica principal considerada en todos estos pasajes? La cualidad o característica principal de este pasaje es la paciencia. De hecho, es la palabra que Jesús mismo utiliza. No obstante, de acuerdo a las distintas versiones de la Biblia que hemos considerado, hay otras características parecidas que, más bien, parecen ser descripciones de la paciencia:

- Firmeza
- Perseverancia
- Mantenerse

Pregunto, ¿será que para Jesús la paciencia significa firmeza, perseverancia o mantenerse? Eso lo veremos en un momento.

Ahora bien, considere conmigo por un momento lo siguiente. Este texto de Lucas 21:19 se encuentra dentro de un contexto muy particular. Los textos anteriores nos presentan el panorama profético de los últimos tiempos narrado por Jesús.

De hecho, Lucas 19 es el pasaje paralelo a Mateo 24 y a Marcos 13, que a su vez son capítulos que nos pintan un cuadro profético nada alentador. Por tanto, Lucas 21:19 se convierte en una advertencia. Una advertencia que nos indica que, ante cualquier realidad de la vida que pueda presentarse, es permaneciendo en Cristo que seremos salvos.

La paciencia que Jesús señala es la virtud que nos hará mantenernos en lo que hemos creído para salvación, lo que presupone 2 verdades bíblicas fundamentales:

- Habrá tormentas y tribulaciones en la vida.
- La salvación en Cristo es absolutamente posible a pesar de las tormentas y tribulaciones de la vida.

Note bien que no hemos dicho que la paciencia salva. Más bien es que seremos salvos si con paciencia nos sostenemos. Ahora bien, de acuerdo al texto, la paciencia es necesaria para permanecer en el camino de la salvación. Por tanto, es necesario entender de manera más profunda lo que representa la paciencia en términos de nuestra vida cristiana:

1. La paciencia es un ancla.

Muchos pudieran pensar que creer por la fe es lo que necesitamos para alcanzar la salvación.

Creer por fe nos *justifica* delante del Padre, esto es, que somos colocados en la dirección correcta hacia la salvación. Pero esto no significa que la hayamos alcanzado aún.

A partir del momento en el que hemos creído comenzamos a caminar el camino que conduce a la vida eterna, esto es, comenzamos a caminar en Cristo. (Como dato curioso, debo aclarar que estamos equivocados si enseñamos o predicamos sobre un camino que lleve a Cristo, porque no hay un camino que lleve a Cristo. Cristo es el camino. El único camino hacia la salvación. Por tanto, vivir nuestra experiencia de vida cristiana, nuestra teolosis, es simplemente vivir en Cristo). Ahora bien, mientras caminamos en Cristo, y de acuerdo al contexto del pasaje, se producirán situaciones que amenazarán con sacarnos del camino. Tristemente, en ocasiones somos testigos de situaciones donde personas que creyeron sinceramente por la fe en Jesucristo en algún momento de su vida, hoy están fuera del camino.

El problema, sin embargo, no ha sido la falta de fe. La fe en Cristo siempre nos justifica ante el Padre. La fe en Cristo nunca ha hecho que la gente se pierda. El problema fundamental de aquellos que una vez creyeron y hoy están sin Dios y sin esperanza es que no tuvieron *algo* que los amarrara a esa fe.

No tuvieron un ancla que los mantuviera sujetados a la fe.

Es ahí donde la paciencia tiene un rol protagónico. La paciencia nos permite mantenernos firmes en la fe ante las tormentas y tribulaciones de la vida.

Entonces, por cuanto la fe en Cristo sigue siendo buena para alcanzar la salvación, necesitamos algo que haga 2 tareas por nosotros.

- Nos ayude a resistir las tormentas.
- Nos mantenga anclados a la fe.

La paciencia cumple con estos 2 requisitos. Anclados por la paciencia no seremos movidos de nuestra fe, aunque las tormentas y tribulaciones azoten. Lo significativo de esta realidad, sin embargo, no es tener paciencia para cuando venga la tormenta.

Es necesario tener paciencia y permanecer anclados a la fe aunque no haya tormentas. En ese sentido, la paciencia no es nuestra ancla en la fe para cuando haya tribulación. No es algo que se pide solamente para cuando las cosas vayan mal. La paciencia es nuestra ancla en la fe *en todo tiempo*. Siempre es necesaria. De hecho, es mucho mejor tenerla y no necesitarla, que necesitarla y no tenerla.

2. La paciencia es la ciencia de la paz.

Casi por accidente descubrí esta realidad. Si combinamos la palabra "paz" con "ciencia", encontraremos una interesante relación entre ambas.

Pudiéramos decir que una persona que está en paz es una persona que tiene paciencia. Sin embargo, esto no necesariamente es cierto. Lo que pudiera ser más significativo es el hecho contrario. Una persona que tiene paciencia es una persona que puede estar en paz.

¿Qué pudiera poner a prueba la realidad de esta aseveración? Las tormentas y tribulaciones de la vida. Lo cierto es que una persona que no tiene paciencia es fácilmente removible de su estado de paz. Es fácilmente empujado a un estado de guerra y desolación extraordinario con que solamente se exponga a las dificultades que la vida nos presenta

Tome, por ejemplo, el caso de Job. Estando tranquilo y en paz, fue azotado de manera brutal por unas circunstancias que se le presentaron de golpe. ¡Prácticamente, le cayó la "macacoa" encima! ("Macacoa" es una forma de decir "mala suerte" acá en Puerto Rico).

Sin embargo, aún cuando fue brutalmente azotado por esta terrible tribulación, su paciencia lo mantuvo anclado a la fe en su Redentor.

No se trata de que Job fuera un súper-hombre con poderes extraordinarios. Es evidente que toda esta situación le dolió profundamente. Sin embargo, Job había descubierto un poder que sobrepasaba toda esta situación.

- Un poder que lo pudo mantener anclado a la fe en Dios.
- Una ciencia capaz de hacerle soportar tan terrible tempestad.
- Job descubrió la ciencia de la paz.
- Job descubrió la paz-ciencia.

La ciencia siempre ha buscado probar sus teorías de manera empírica, esto es, mediante hechos investigados y comprobados.

El caso de la paciencia no es la excepción. No olvide que la paciencia es el ancla de nuestra fe. Nuestra fe, por otra parte, está anclada a la confianza y seguridad que tenemos confirmada en Dios mediante las cosas que Él ha hecho por nosotros en el pasado.

Es decir que, por cuanto sabemos lo que Dios ha hecho, también tenemos fe en lo que Dios hará.

Como dice mi esposa Carmencita:

"No tenemos nada que temer, a menos que olvidemos la forma en la que Dios nos ha ayudado en el pasado".

Por tanto, esta ciencia de la paz trata específicamente de una seguridad. Si estamos seguros de algo, podemos estar en paz sabiendo que, no importa lo que se presente, nuestra fe está asegurada.

La paciencia, entonces, es la ciencia comprobada de una paz que no se pierde, aunque azoten las tormentas de la vida. Esta ciencia no falla. Por eso podemos estar en paz. La paciencia es "paz-ciencia", o la ciencia de la paz.

3. La paciencia no es un don. Es un fruto.

En este punto es donde comenzamos a ver una conexión más significativa entre la fe, las tribulaciones y la paciencia. En Santiago 1:2-3 encontramos la siguiente declaración:

"Hermanos míos, tened por sumo gozo cuando os halléis en diversas pruebas, sabiendo que la prueba de vuestra fe produce paciencia". (RVR60).

En ocasiones he escuchado mucha gente y muchos predicadores que dicen que no pidamos paciencia a Dios, pues la paciencia se produce mediante las pruebas. Es decir, que aquel que pide paciencia, lo que realmente está pidiendo es tener pruebas que pongan la paciencia en práctica.

Yo tengo mis reservas en ese sentido. Ciertamente las pruebas son situaciones que pondrán a prueba, (valga la redundancia), nuestra paciencia. Pero, como usted comprenderá, la paciencia no podrá ser probada por las pruebas a menos que la misma no esté en nosotros antes de la prueba. Es decir, ¿cómo nuestra paciencia ha de ser probada si no es que la tenemos de antemano?

Por otra parte, el texto de Santiago 1:3 dice que la prueba produce paciencia. Entonces, ¿en qué quedamos? ¿La paciencia se produce con la prueba, o la paciencia es probada con las pruebas?

Recuerde que la paciencia está íntimamente ligada a la fe. De hecho, tanto la fe como la paciencia son parte del Fruto del Espíritu que menciona Pablo en Gálatas 5:22-23. Entonces, tenemos que comenzar por este punto.

En primer lugar, tenemos que destacar una diferencia fundamental en el asunto de las pruebas. Las pruebas son para los cristianos. Observe bien que el texto de Santiago especifica claramente que se trata de "la prueba de vuestra fe". Nuestra fe en Cristo, por supuesto. En ese sentido, la prueba de la fe está dirigida a todos aquellos que hemos creído por la fe en Cristo, es decir, los cristianos.

En el caso de los no cristianos, estamos hablando de que esas situaciones difíciles de la vida pudieran tratarse de consecuencias de sus propios pecados. Pero eso es harina de otro costal.

Por tanto, la prueba de nuestra fe está dirigida hacia los que hemos declarado y demostrado esa fe en Cristo. Hemos dicho además que la fe para salvación tiene que ser en Cristo. También hemos dicho que la paciencia es nuestra ancla para permanecer en esa fe. Ahora, hagamos otra observación importante en términos de la fe, las pruebas y la paciencia.

Tanto la fe como la paciencia son componentes del Fruto del Espíritu. De acuerdo al pasaje de Gálatas 5:16 y 25, este fruto del Espíritu es la evidencia de que andamos en el Espíritu.

Esto significa que, si andamos en el Espíritu tenemos el Fruto del Espíritu, por tanto, tenemos fe y tenemos paciencia.

Si tomamos esta aseveración y la aplicamos al pasaje de Santiago 1:3, notaremos que, en efecto, la prueba de nuestra fe produce paciencia, pero no porque no la hubiera. El texto no dice que *produce la paciencia*, sino que produce paciencia. Esto, aunque parezca lo mismo, no es lo mismo ni se escribe igual. Producir la paciencia es originarla de cero. Producir paciencia no es exactamente lo mismo. Esta paciencia que produce la prueba es indicativo de un crecimiento en la experiencia de vida cristiana, que muchas veces encontrará momentos de prueba. Este crecimiento es absolutamente bíblico, pues todos nosotros debemos crecer en nuestra experiencia con Cristo.

- El deseo de Dios es que crezcamos a la medida del varón perfecto. (Efesios 4:13).
- Es que alcancemos la perfección en el amor.
- Es que alcancemos la entera santificación.

La paciencia, en ese sentido, es producida mediante una experiencia de crecimiento, es decir, que no se produce por la prueba, sino que crece a través de la prueba.

Entonces, si crece, es porque ya estaba presente cuando se presentó la prueba. Lógico, ¿no le parece?

Está claro que la paciencia es un producto. Es parte de un fruto. El Fruto del Espíritu. Siendo así, la paciencia es algo que se puede demostrar, tal y cual sucede con los otros componentes del Fruto del Espíritu.

En ese sentido, podemos traer a la consideración de todos alguna experiencia en la que hemos demostrado la paciencia. Observe, por ejemplo, la siguiente anécdota.

En una ocasión, hubo un joven candidato al ministerio que fue citado a entrevista por un examinador eclesiástico a las 3:00AM. El joven ministro llegó puntual a su cita, no importando que se tratara de un horario un tanto inusual para esta clase de compromiso.

El examinador lo recibió en su estudio, pero le indicó que tenía que dejarlo solo un momento. Acto seguido, el examinador se retiró nuevamente a dormir, sin decirle nada al joven ministro.

El examinador se presentó nuevamente en el estudio a las 8:00AM. En ese momento, el examinador se sentó en su escritorio y comenzó a interrogar al joven:

- ¿Sabe usted deletrear?
- Sí, señor – fue la respuesta.
- Muy bien, deletree, por favor, la palabra casa.
- C-a-s-a.
- ¡Bien! ¿Sabe usted algo de aritmética? – continuó el examinador.
- Sí, señor. Sé algo.
- ¿Cuántos son dos más dos?
- Cuatro – contestó el joven casi de inmediato.
- ¡Excelente! Creo que usted ha pasado el examen. Mañana compareceré a la Junta Evaluadora. – concluyó el examinador.

Al otro día en la reunión de la Junta Evaluadora, el examinador presentó los resultados de la entrevista, indicando que el joven reunía todas las cualidades ministeriales necesarias de la siguiente manera:

- Primero, lo examiné sobre la negación de sí mismo. Le pedí que viniera a verme a las 3:00AM y aceptó la hora sin quejarse ni decir una sola palabra.
- Segundo, lo examiné en cuanto a su puntualidad. Llegó a tiempo.
- Tercero, probé su paciencia. Lo hice esperar 5 horas después de haberle dicho que viniera a las 3:00AM.

- Cuarto, lo examiné en cuanto a su genio. No se mostró enojado ni me cuestionó por mi aparente desconsideración. ¡Ni tan siquiera me preguntó por qué llegué tarde!
- Quinto, probé su humildad. No mostró indignación ni ninguna actitud arrogante, aún cuando le hice preguntas que hasta un niño de 5 años podía contestar.

"Señores, éste es el ministro que necesitamos". – indicó el examinador.

La paciencia es probada. A su vez, la prueba producirá *más* paciencia. Es necesario que así sea, pues se trata de una pieza de vital importancia para nuestra vida cristiana.

- Se trata del ancla de nuestra fe.
- Se trata de la ciencia de la paz.
- Se trata del Fruto del Espíritu.
- Se trata de aquello en lo que Jesús pide que nos mantengamos firmes para que seamos salvos.
- Se trata de vivir en Cristo.

La carrera se corre con paciencia. La fe y la seguridad en Cristo se afirman y se sostienen por la ciencia de la paz. Seremos salvos en Cristo por la fe, y por la *paz-ciencia* que la sostiene...

SÉ BUENO

Lectura: Efesios 4:32, Marcos 10:17-23

¿Recuerdas la película *E.T. El Extraterrestre?* Estoy seguro que sí. ¡Cómo no recordarla! Es una de las películas más taquilleras de todos los tiempos. Una parte de esa película vino a mi mente cuando meditaba en este pasaje. Es el momento final de la misma en el que E.T. aconseja a la niña y le dice: "Be good", o "Sé buena".

¿Qué le quiso decir E.T. a esta niña? Básicamente lo mismo que el Apóstol Pablo le aconseja a los hermanos efesios de la época y a nosotros hoy. Cuando Pablo exhorta a que seamos benignos, está exhortando a que seamos buenos. ¿Se quedó igual? ¿Quiere que le explique un poco mejor?

Para entender lo que Pablo nos dice en este pasaje, es necesario entender lo que significa ser bueno. La palabra benignidad se deriva del griego *"chrestotes"* que significa amable, simpático, bueno. Ahora bien, la palabra benignidad es muy poco utilizada en el Nuevo Testamento. Sucede que la palabra benignidad está ligada íntimamente en el griego con la palabra *"splagchnizesthai"*, que significa compadecerse.

No obstante, este verbo de compasión no se refiere a una compasión cualquiera. Esta palabra griega significa realmente compasión divina. Compadecerse en gran manera. La compasión más intensa, entrañable y profunda.

Este verbo "compadecerse" aparece en la Biblia específicamente en relación a la compasión de Jesús. Esto es porque sólo Dios puede compadecerse de esta manera. Ahora, este verbo aparece en relación a alguien que no fuera Jesús únicamente en 3 pasajes específicos:

- **El hombre que tuvo compasión del siervo que no podía pagarle. (Mateo 18:33).**

Esta compasión hace referencia a aquellos que tienen una cuenta pendiente con nosotros. Pero no debemos limitar la aplicación de la parábola a una cuestión meramente económica. El pasaje habla ciertamente de una deuda, pero la gente puede debernos muchas cosas.

- Honra.
- Respeto.
- Una explicación.
- Una disculpa.

En el caso específico de esta parábola, se trata de gente que nos deben, saben que nos deben, y por cuanto saben que nos deben, nos piden una disculpa.

Se trata, entonces, de que debemos perdonar la ofensa pasada y olvidar lo ocurrido. Es tener misericordia de aquel que no tiene recursos ni forma de restituirnos por la ofensa.

Esto, sin embargo, no debe hacerse de cualquier manera. No es ofrecer un perdón "de la boca para afuera". Se trata de un perdón profundo, intenso, entrañable. Con compasión divina. Tal y como Dios lo haría. Tal y como Dios lo ha hecho con nosotros.

Ahora bien, muchas veces nosotros hacemos un reclamo justo por una ofensa. Lo que se espera, entonces, es que la persona reconozca su error, acepte su deuda con nosotros y se disculpe. Pero, a veces no obtenemos la disculpa que esperamos. En ocasiones no hay manera de reparar el daño causado, aún cuando la disculpa sea genuina.

Es entonces que, a pesar de que la disculpa no satisface la deuda, debemos perdonar. En todo caso, hay una disculpa. Un intento de sanar por medio del perdón.

Y, ciertamente, cuando hablamos de sanidad por medio del perdón, hablamos de sanar el pasado, el presente y el futuro. Si podemos olvidar la ofensa del pasado, no envenenaremos nuestro presente y nuestro futuro estará libre y sano del asunto del pasado. Para hacer esto, hay que ser benignos. Hay que ser buenos.

Perdonando sanamos al que nos ha ofendido, y nos sanamos a nosotros mismos. Si no hay deuda, no hay deudor. Si no hay deudor, no me deben. Estoy libre. Estoy saldo.

- **La compasión del padre que recibió con amor al hijo pródigo. (Lucas 15:20).**

Este caso es un poco diferente al anterior. Este es el caso en el que una persona, haciendo uso de su legítimo derecho, sea cual fuere, nos lastima y nos ofende sin razón alguna. Este muchacho de la parábola del hijo pródigo tenía perfecto derecho a reclamar su parte. No obstante, no es el reclamo lo que ofende, sino la manera en la que lo hace.

En ocasiones, a pesar de tener la razón, muchas personas nos ofenden por el simple hecho de tener la razón. Nos ridiculizan, se aprovechan de nuestro error, sacan partido de su posición de ventaja para atropellarnos.

Muchos gustan de "echar sal a la herida", de "hacer leña del árbol caído", y otras cosas como esas. Sin embargo, ser buenos en un caso como este requiere que, de igual forma, tengamos compasión de ellos.

En el caso del hijo pródigo, el padre pudo haber reclamado una disculpa, o pudo haber aprovechado igualmente su posición para reprochar al muchacho por su mal proceder. Pero, no lo hizo. No se aprovechó de haber tenido la razón para restregárselo en la cara. Haberlo hecho lo hubiera rebajado al mismo nivel del ofensor. Y no se trata de bajarnos a su nivel. Se trata, más bien, de subirlos al nuestro.

La parábola nos dice que el padre corrió a recibirlo. Ni tan siquiera esperó a que llegara y se disculpara. Él lo buscó. Él lo abrazó. Él lo besó. Esto no surge de un corazón cualquiera, ni de una compasión cualquiera. Surge de una compasión profunda, intensa y entrañable. Surge de la benignidad de Dios. De la compasión de Dios. Para eso, hay que ser benignos. Hay que ser buenos.

- **La compasión del buen samaritano. (Lucas 10:33).**

Aquí Jesús nos habla de una compasión extraordinaria.

Aquí no se nos habla de alguien que nos haya ofendido, hemos ido a reclamarle, nos ha pedido perdón y lo hemos perdonado. Eso es encomiable y admirable. Tampoco nos habla de alguien que ha abusado de nosotros, nos ofende, busca nuestra ayuda y perdón y lo hemos perdonado. Esto también es encomiable y admirable.

En este caso del buen samaritano, se nos habla de una compasión universal. Es tener compasión por el desconocido, quien no nos debe, no nos ha ofendido, pero que necesita de nuestra ayuda.

No obstante, no se trata meramente de una lástima profunda. La compasión y la lástima no son lo mismo. La lástima se duele, pero la compasión actúa. Es ser movidos a misericordia, y movernos en misericordia. Es la acción ante las palabras.

El verbo griego *"splagchnizesthai"* es precisamente eso. Un verbo. Acción. Ser buenos no es simplemente tener benignidad. Es la benignidad en acción. Se es bueno haciendo lo bueno. La Palabra de Dios nos indica en Santiago 4:17 lo siguiente:

"y aquel que sabe hacer lo bueno, y no lo hace, le es pecado". (RVR60).

En la benignidad no hay términos medios. No vale ser "medio bueno" ni "medio malo". O somos buenos o somos malos.

Ahora bien, hay una observación general que aplica en todos estos casos. La benignidad es una virtud que solamente se mide en términos efectivos cuando la utilizamos con los demás. Tiene que ver directamente con nuestras relaciones interpersonales. En cómo nos relacionamos con los demás. No se puede pretender ser bueno con Dios si no somos buenos con nuestro prójimo. Eso es falsedad. Eso es mentira. Y mentir es pecado.

El llamado de Pablo a que seamos benignos es a que lo seamos los unos con los otros. Es a que no pequemos cuando podemos ser buenos con los demás y no lo somos.

Ahora quisiera destacar otros puntos importantes sobre la benignidad y la compasión que son relevantes en este análisis:

1. **La benignidad engendra compasión.**

Ya hemos considerado la benignidad desde la perspectiva griega. Consideremos ahora la benignidad desde sus orígenes en el latín. La palabra benignidad surge de la combinación de 2 palabras latinas.

Del adjetivo latín *"benignus"*, que significa bueno, y del verbo latín *"gignere"*, que significa engendrar. Entonces, combinando ambos, podemos decir que benignidad es engendrar lo bueno.

Si tomamos esta definición y la aplicamos al concepto de benignidad que Pablo utiliza en Efesios 4:32, notaremos que Pablo exhorta a que engendremos en otros lo bueno. Para Pablo, lo bueno se engendra. En uno y en los demás. Ser benignos es tener la capacidad de hacer generar en otros lo bueno.

¿Cómo, entonces, podemos nosotros hacer generar en los demás lo bueno? ¿Cómo podemos hacer que los demás también sean buenos? Jesús nos dio la clave.

En Mateo 7:12, Jesús mismo nos dice:

"Así que, todas las cosas que queráis que los hombres hagan con vosotros, así también haced vosotros con ellos; porque esto es la ley y los profetas". (RVR60).

¿Cómo, entonces, podemos nosotros hacer generar en los demás lo bueno?

- Haciendo con ellos lo que nos gustaría que hicieran con nosotros. La Regla de Oro.

- No haciendo con otros lo que no nos gustaría que hicieran con nosotros. La Regla de Plata.

Ahora bien, hay un detalle importante.

2. Ser buenos comienza con nosotros mismos.

Está claro que nadie puede dar a otros lo que no tiene. En ese sentido, no podremos engendrar en los demás lo bueno si lo bueno no está en nosotros.

No podemos ser hipócritas. Para ser buenos con los demás, debemos empezar siendo buenos con nosotros mismos. Procurar que otros hagan lo que nosotros mismos no hacemos es un acto de inmoralidad. Eso es "predicar la moral en paños menores".

Por ejemplo,

- No podemos aconsejar a otros a que dejen el cigarrillo si nosotros no lo hemos dejado primero.
- No podemos aconsejar a otros a que dejen el alcohol si nosotros no lo hemos dejado primero.
- No podemos aconsejar a otros a que dejen el pecado si nosotros no lo hemos dejado primero.

No podemos hacer engendrar en otros lo bueno si nosotros no somos buenos. No podemos dar a otros lo que no tenemos. Debemos empezar siendo buenos con nosotros mismos. Siendo buenos con nosotros mismos enseñamos a los demás cómo deben tratarse ellos mismos y cómo deben tratar a los demás.

3. La benignidad es una semilla.

La benignidad es una semilla que, cuando la sembramos en otros, nos produce como fruto la misma benignidad. Si sembramos benignidad, cosechamos benignidad.

4. La benignidad interna se traduce en amabilidad externa.

La amabilidad es la demostración externa de nuestra benignidad interna. La gente *sabe* que eres benigno si eres amable. La gente *dice* que eres bueno cuando lo demuestras con amabilidad.

5. La benignidad sana.

Uno de los efectos inmediatos de la benignidad es que cambia las cosas. En el caso de una persona, el cambio se nota en que la persona deja de hacer lo malo que antes hacía y comienza a hacer buenas cosas. La gente se da cuenta.

Una persona benigna es una persona sana. Una persona se sana cuando es benigna.

La benignidad también mejora el ambiente. La atmósfera es más liviana y llevadera cuando compartimos con gente buena. Las relaciones personales cambian y las personas son transformadas por la benignidad de otros.

Cuentan de una historia muy particular del presidente William McKinley. Mientras él se encontraba en plena campaña política para su elección, un periodista se dedicaba a seguirlo condequiera que fuera, con la intención de tergiversar lo que McKinley decía para perjudicarlo.

Una noche este periodista logró subirse al tope del coche en el que viajaba el futuro presidente. Era una noche fría, por lo que pronto empezó a sentir un frío que helaba sus huesos. McKinley se dio cuenta que este periodista estaba arriba del coche, e inmediatamente mandó a detener la marcha.

Acto seguido, le pidió al periodista que entrara junto con él al coche. El periodista le dijo:

- ¿Sabe usted quién soy?
- Por supuesto, - le dijo el presidente. Tenga, cúbrase. Esto le dijo al tiempo que le brindaba un espeso abrigo.

- Yo sé quién es usted. – continuó diciéndole McKinley. – Permítame decirle ahora quién soy yo.

Fue mediante este acto de benignidad con un enemigo que McKinley ganó el corazón de quien más adelante se convirtió en su secretario de Prensa. De más está decir que McKinley ganó la presidencia de Los Estados Unidos ese año.

La benignidad es una fuerza. Cambia el carácter, las voluntades, el coraje, la ofensa, la deuda. El carácter mejora, la voluntad se somete, el coraje desaparece, la ofensa se olvida y la deuda se salda.

6. La benignidad es la cara de la iglesia.

La benignidad de nuestra gente es la primera impresión que reciben quienes nos visitan. Es necesario tratar bien a quienes se nos acercan por una razón u otra. Esto ganará la confianza de los demás y animará a éstos a querer lo que nosotros tenemos.

Ser benignos es predicar sin palabras el Evangelio de las buenas nuevas.

7. La benignidad es la madre de la compasión.

Cristo fue movido a compasión por su benignidad interna. La benignidad da como fruto la compasión.

No obstante, no hacemos buenas obras para ser buenos. Hacemos buenas obras porque somos buenos. Las buenas obras son parte de lo que los salvos hacen, pero las buenas obras no salvan a nadie. Recuerde que la benignidad es parte de un fruto. Es un resultado. Un resultado que, desde luego, generará otros resultados.

Por otra parte, siempre recuerde que los malos pueden hacer cosas buenas, pero los buenos no deben hacer cosas malas. Las cosas buenas no siempre serán hechas por gente buena, pero la gente buena siempre debe hacer cosas buenas.

8. La benignidad es parte del Fruto del Espíritu.

Un cristiano tiene el Espíritu Santo. Si un cristiano tiene El Espíritu Santo, tiene a Dios, y si tiene a Dios, debe tener el mismo carácter bueno y compasivo de Dios. En ese sentido, procuramos hacer la cosas tan buenas como Dios las haría.

Entonces:

- No criticamos ni fustigamos a los perdidos. Nos compadecemos de ellos.
- No hacemos buenas obras con los demás porque se lo merezcan. Las hacemos porque las necesitan.
- La benignidad no es un don que recibimos de Dios. Es un fruto que le entregamos a Dios y a los demás. Dar nuestro fruto a los demás es dárselo a Dios.

9. La benignidad es contagiosa.

¿Conoce usted el refrán que dice: "Al que buen árbol se arrima, buena sombra le cobija"? De eso se trata finalmente todo este asunto. Esta es una verdad que se aplica en 2 direcciones:

- Si queremos que se nos contagie lo bueno, tenemos que acercarnos a lo bueno.
- Si somos buenos y queremos que los demás sean buenos, debemos acercarnos a los demás para contagiarlos con lo bueno.

No somos del mundo, pero estamos en el mundo. Estamos llamados a ser la luz del mundo. La sal de la tierra. Seamos buenos. Demos nuestra benignidad a los demás.

Contagiemos al mundo con la benignidad y compasión que habita en nosotros. El cambio no viene de afuera. El cambio surge de adentro.

Sé bueno. Este es el consejo de ET. Este es el consejo de Pablo. Este es el llamado de Dios...

BONDAD BUENA

Lectura: Romanos 15:14

Quiero que piense en su platillo favorito. Tal vez sea una buena carne con ensalada, o un buen plato de arroz con carne guisada. Delicioso, ¿no? Cuando usted tiene ese platillo favorito en frente, ¿en qué piensa? ¿Qué es lo que usted desea experimentar cuando toma ese primer bocado? ¿Cumple ese platillo con sus expectativas?

Cuando hablamos de la bondad, podemos en cierta forma aplicar estas preguntas para desarrollar un análisis del tema. La bondad, tal y como la presenta Pablo en Gálatas 5:22, es uno de los componentes del fruto del Espíritu. No obstante, la bondad habría que analizarla desde 3 aspectos funcionales, a saber:

- Parámetros o criterios
- Contexto o circunstancia
- Resultados

Comenzaremos definiendo lo que significa la palabra "bondad". La palabra griega para la palabra "bondad" es *agathosume*. Esta palabra está ligada al mismo concepto de perfección en la literatura griega.

Algo perfecto era algo que cumplía con el propósito para lo que fue creado.

En el caso de la bondad, ésta era establecida como un concepto o idea de algo que era bueno. La bondad, entonces, se refiere a algo que cumple con unos parámetros, estándares, criterios o expectativas establecidos, ya sea a nivel personal, social, moral, legal o funcional. Por tanto, si ese algo está de acuerdo con esos criterios, o si satisface o supera las expectativas, entonces podemos decir que ese algo es bueno.

En el caso específico de la bondad de acuerdo a la Palabra de Dios, la misma cumple con unos parámetros, expectativas o conceptos morales y funcionales definidos por Dios.

Cuando algo es bueno, o es representativo de la bondad, es porque cumple con lo que para Dios es bueno. Es por eso que la bondad es parte del fruto del Espíritu, porque la bondad es la demostración de que ese algo o ese alguien cumple con la definición de esa idea o concepto de Dios de lo que es bueno.

Tome por ejemplo la creación. Cada uno de los componentes de la creación cumplió con lo que Dios esperaba de ellos, por tanto, contaron con el sello de aprobación de Dios.

Solo entonces, cuando eso creado cumplió con lo que Dios tenía definido en Su mente, es que Dios pudo expresar de manera categórica que eran "buenos en gran manera".

Como vemos, lo que es considerado bueno cumple con unos requisitos o parámetros establecidos. Esos requisitos o parámetros sirven como cedazo para determinar si lo que estamos evaluando en ese momento, sea lo que sea, cumple con lo que está establecido como bueno.

- Si el auto funciona adecuadamente, decimos que el auto es bueno. Es por eso que atribuimos este título de calidad a varias marcas de automóviles, pues su desempeño lo califica como tal.
- Si el alimento que consumimos tiene el sabor o la calidad que esperamos, decimos que está bueno. Es por la misma razón que recomendamos ciertos productos en específico, pues su sabor y calidad cumplen con nuestras expectativas.

Ahora bien, por muy sabrosos que sean nuestros alimentos favoritos, éstos no serán de nuestro agrado si, por ejemplo, se derraman en nuestro automóvil. Por buena sea la salsa de tomate que utilizamos en nuestros guisos, no funciona igual si la queremos utilizar como aceite para el motor.

Es por eso que el significado de bondad está sujeto frecuentemente al contexto u ocasión en que es utilizado. Es en este punto donde el concepto de bondad está ligado al de la perfección. Solo si utilizamos lo que es bueno para lo que es bueno tendrá el efecto o resultado que esperamos. Por tanto, todo lo que se considera bueno debe ser utilizado para aquello en lo que es bueno.

En ese sentido, podemos determinar lo que es bueno en un momento determinado por el resultado que produce. (A manera de explicar gráficamente esta idea, le sugiero que haga la siguiente prueba: Báñese hoy con salsa de tomate. El resultado le explicará que lo que es bueno para una cosa no necesariamente es bueno para otra).

Como vemos, los 3 aspectos funcionales de la bondad se combinan para hacer de la bondad algo útil y productivo. Ahora bien, ¿qué utilidad tienen para nosotros estos 3 aspectos funcionales de la bondad? ¿Para qué nos sirven?

No podemos olvidar que nosotros somos llamados para llevar las buenas nuevas del Evangelio de Jesucristo. A nosotros se nos ha asignado la Gran Comisión. Somos nosotros quienes tenemos que ir y predicar el evangelio a toda criatura.

Entonces, para que nuestra tarea pueda ser catalogada como buena, es necesario:

- Observar y cumplir con unos requisitos o parámetros.
- Aplicar los requisitos o parámetros al contexto, ambiente o circunstancia en la que nos toca intervenir.
- Procurar buenos resultados, cumpliendo con el propósito o la meta impuesta.

Digo esto porque muchas veces utilizamos la verdad de Dios para negar la eficacia del evangelio. Utilizamos las buenas noticias del evangelio para darle malas noticias a la humanidad. En ese sentido, no se trata de lo que se dice, sino de cómo se dice.

Desde luego, yo no niego la realidad de la Palabra de Dios cuando nos dice en Marcos 16:16 que *"El que creyere y fuere bautizado será salvo; mas el que no creyere será condenado".* (RVR60). La Biblia es clara en mostrar el destino de los malos, pero el propósito del mensaje del evangelio es que todos procedan al arrepentimiento. Entonces, para que haya en nosotros fruto de bondad, para que seamos buenos en nuestro trabajo, es necesario aplicar esta verdad indudable de la Escritura al contexto o situación que se nos presente en ese momento.

Por ejemplo,

- ¿Dirá usted en un funeral que el finado se fue al infierno si no aceptó a Cristo? Esa es una verdad ciertísima, pero utilizada fuera de contexto no logrará los resultados que esperamos.
- ¿Ha logrado usted que su familia venga a los caminos del Señor restregándole en la cara la realidad de que se irán al infierno si no aceptan a Cristo como salvador de sus almas? Por lo menos a mí, esa técnica no me ha dado muy buenos resultados.
- Si algo le sale mal y alguien se acerca para decirle: "Te lo dije. Yo tenía razón. Bueno que te pase por no seguir mi consejo", ¿cómo usted se siente?

No negamos la verdad, y no podemos negar la verdad, pero tenemos que saber utilizar la verdad para lograr los resultados que el Diseñador del plan tuvo en mente. El propósito es acercar las vidas a Cristo, no alejarlas de Él.

Usted me preguntará, ¿y cómo lo hacemos? Note bien un detalle interesante en este pasaje. El Apóstol Pablo, inmediatamente que reconoce que los hermanos romanos están llenos de bondad, destaca que también están llenos de conocimiento. ¿Por qué? ¿Qué tiene que ver una cosa con otra?

La contestación la encontramos al final de nuestro texto de referencia. En Romanos 15:14, Pablo establece que es necesario estar llenos de bondad y conocimiento para poder amonestar a los demás.

La bondad es, de por sí, un requisito necesario para cumplir con el propósito de nuestra comisión, porque necesitamos al Espíritu Santo para cumplir con la misma, y la bondad es parte de ese fruto del Espíritu Santo. A eso debemos añadirle el conocimiento, que no es otra cosa sino el saber cuáles son esos requisitos importantes para poder cumplir con nuestro propósito y cómo habremos de utilizarlos.

Ese conocimiento lo adquirimos mediante la Palabra de Dios, pues es en la Palabra de Dios que encontramos todo lo que necesitamos conocer para poder hacer nuestra tarea correctamente.

Pero también el conocimiento al que Pablo se refiere es a un conocimiento de la situación particular que se nos presenta. Si no conocemos lo que vamos a hacer, y cómo lo vamos a hacer, nuestro trabajo será un desastre. Nuestro trabajo no será bueno. Esta combinación de bondad y conocimiento es dirigida por Pablo hacia una de las tareas más difíciles del pueblo de Dios: La amonestación.

¿Por qué Pablo dirige y aplica estos conceptos a la amonestación? Porque, precisamente, la amonestación es una de esas situaciones, contextos o circunstancias en las que nos falla la bondad y el conocimiento.

Como ya hemos mencionado, conocer la verdad no necesariamente significa que la utilizaremos en algo bueno, y que a la vez produzca buenos resultados. Pero cuando uno está comprometido con la bondad de Dios, procura realizar la tarea de una forma que agrade al Dios de bondad.

Cuando conocemos la verdad de Dios, el propósito de Dios y la situación particular que se nos presenta, podemos obrar bondadosamente para lograr que nuestra labor sea buena, es decir, que rinda los frutos deseados.

La bondad nos ayuda, entre otras cosas, a ponernos en el lugar de los demás. En ese sentido, ponernos en el lugar de los demás nos da un mejor panorama de la situación que Dios nos ha puesto delante. Ponernos en el lugar de los demás nos da ese conocimiento que menciona Pablo para que podamos amonestar con bondad a los demás.

El mismo Jesús enseñó en Mateo 7:12 lo siguiente:

"Así que, todas las cosas que queráis que los hombres hagan con vosotros (incluyendo la amonestación), *así también haced vosotros con ellos; porque esto es la ley y los profetas".* (RVR60). (Paréntesis añadido).

Debemos amonestar a los demás tal y como quisiéramos ser amonestados. Repito que eso no significa comprometer la verdad. A lo que yo me refiero es a que, por lo general, una amonestación o consejo debemos darlo en el momento adecuado. Y para encontrar ese momento debemos ser verdaderamente buenos y estar llenos de la bondad del fruto del Espíritu.

Demostramos estar llenos de la bondad del fruto del Espíritu cuando, al decir la verdad, podemos asegurar un impacto positivo dentro de una circunstancia o momento propicio. No queremos meramente decir la verdad. Queremos cumplir con un propósito.

Por otra parte, utilizar la verdad para castigar en lugar de levantar nos convierte en fariseos legalistas. Esa actitud no nos permite amonestar en justicia. Utilizar la verdad de Dios para atropellar al prójimo es negar la eficacia del evangelio, porque el resultado que se produce al utilizar mal la verdad no corresponde a los parámetros de bondad de Dios.

El tener el Espíritu Santo no es motivo para señalar acusadoramente a aquel que no lo tiene. En todo caso, recuerde que nuestro deber no es destacar que lo tenemos, como si eso fuera motivo de comparación o vanagloria, sino lograr que los demás también lo tengan.

Ser perfecto significa que servimos para el propósito al que fuimos llamados. Por otra parte, ser bueno significa que cumplimos con los requisitos o criterios establecidos para ese propósito, esto es, para que el cumplimiento del propósito sea bueno, correcto, adecuado, productivo, agradable y perfecto.

- Nuestra tarea es buena si observamos y cumplimos con los requisitos establecidos por Dios. Para ello es necesario conocerlos en la Escritura.
- Nuestra tarea es buena si sabemos aplicar el conocimiento de la Palabra y la verdad de Dios a la circunstancia o situación particular que el mismo Dios pone frente a nosotros.
- Nuestra tarea es buena si produce los resultados que Dios espera que produzca.

Tenemos una importante misión: Ganar almas para el Reino de los Cielos. Esto implica que no podemos realizarla de cualquier manera.

Por una parte, no podemos comprometer ni negar la verdad de la Palabra, ajustándola a una conveniencia personal. Pero, por otra parte, no es de cualquier manera que proclamaremos esa verdad.

Nuestro trabajo tiene que ser bueno. Debemos procurar aplicar el conocimiento adquirido para alcanzar los objetivos de la misión. Pero tampoco basta con tener el conocimiento.

- Es necesario aplicar el conocimiento con espíritu de bondad. Es ahí donde el fruto del Espíritu se reconoce.
- Es saber presentar adecuada, propia y oportunamente el sabroso plato del evangelio. No basta con presentarlo de cualquier manera. La buena presentación cuenta.

La bondad es importante, pues nos coloca en el lugar del necesitado para poder llevar a ese necesitado a nuestro lugar. Recuerde que el propósito total del fruto del Espíritu es que los demás puedan ver en nosotros a Dios. Si la bondad no se nota en nosotros, no seremos buenos representantes de Dios en la tierra. Sin la bondad no cumplimos con Sus propósitos, por lo tanto, no somos buenos.

Es necesario ser bueno, porque la bondad demostrada demuestra a su vez que el fruto del Espíritu está en nosotros.

No basta con tener bondad. La bondad tiene que ser buena...

MANSEDUMBRE: PODER Y CONTROL

Lectura: Isaías 42:1-4

Vivimos en una sociedad violenta. Aquí, en Puerto Rico, nos movemos cada vez más hacia una conducta agresiva y desafiante.

- Somos cada vez más intolerantes con los niños, con los ancianos y con todos aquellos que no piensan ni opinan como nosotros.
- Ceder el paso es cosa de débiles o de tontos.
- Nadie quiere hacer filas.
- No soportamos esperar.
- Queremos imponer nuestro criterio por la fuerza, o como decimos en Puerto Rico, "a la cañona".

Recuerdo una frase que utilizó el ex gobernador de Puerto Rico, Don Luis A. Ferré, en sus campañas políticas que resultó ser muy célebre y recordada. Esta frase describía de forma muy especial la forma en la que él prefería expresar y compartir sus ideas.

Esta frase decía:

"La verdad no grita. La verdad convence".

Hace unos años compartía con un vecino a quien le gustaba conversar mucho. (Aprendí muchas cosas de él, pues a mí siempre me ha gustado aprender de las personas mayores. Esta ha sido una costumbre en mi vida, aún en los tiempos cuando no le servía al Señor). Una de las cosas que siempre admiré de él era la cantidad de refranes que usaba en sus conversaciones. ¡Ya podrán entender por qué me gustaba hablar con este hombre! ¡Soy fanático de los refranes!

Uno de esos refranes que siempre utilizaba era este:

"Se puede ser un atento caballero, y a la vez ser un feroz guerrero".

Ahora, muchos años después, comprendo que no pudo haber dicho una verdad mayor.

¿Qué es lo que intento demostrar? Trato de considerar las características especiales de uno de los componentes del fruto del Espíritu Santo: La mansedumbre.

La mansedumbre es usualmente definida como amabilidad, humildad, bondad y sencillez. Sin embargo, de acuerdo a lo que Pablo nos indica en Efesios 4:1-2, la mansedumbre y la humildad son 2 cosas diferentes.

Efesios 4:1-2 nos dice:

"Yo pues, preso en el Señor, os ruego que andéis como es digno de la vocación con que fuisteis llamados, con toda humildad y mansedumbre, soportándoos con paciencia los unos a los otros en amor". (RVR60).

Además, la verdadera definición de mansedumbre, (al menos la que aparece considerada en el pasaje de Gálatas 5:22-23, escrito en griego), contiene unas características que el español de nuestros tiempos no contempla.

Estas características son las que pretendemos identificar y explicar en este análisis. He aquí la primera:

1. La mansedumbre es la característica principal de la oveja.

En una ocasión, una hermana de la iglesia narraba una experiencia espiritual que había tenido. (Yo sigo creyendo en las revelaciones divinas. Hebreos 1:1 afirma que Dios habla muchas veces y de muchas maneras).

En su visión, ella podía ver a Jesús, aunque no podía entender las cosas que hablaba.

Esto causó de cierta forma una preocupación en esta hermana, porque no podía entender lo que Jesús decía, pero tampoco Jesús le explicaba.

En la revelación, ella no podía comprender lo que ocurría. Posterior a esta revelación, ella encontró algunas imágenes de lo que vio cuando estudió lo que Apocalipsis 21 muestra, lo que le dio a entender que su revelación se relacionaba con los eventos futuros de los que habla el Apóstol Juan. No obstante, la preocupación de esta hermana persistía. ¿Por qué no podía entender?

La narración de la hermana fue posterior a la clase bíblica de ese domingo. Durante la clase, la maestra hablaba sobre la importancia de someternos a Dios y de cómo Dios nos toma de Su mano.

Mi esposa estaba sentada junto a mí, y sintió la inquietud de buscar el pasaje en el que Jesús habla diciendo que sus ovejas oyen su voz y le siguen. De momento ella no recordaba el pasaje, por lo que me pidió ayuda para buscarlo.

Este pasaje está en Juan 10:4. Al encontrarlo, mi esposa trató de traer este pasaje a la consideración de la clase, pero por alguna razón, no pudo compartir el comentario.

Cuando esta hermana contó su experiencia, mencionó la importancia de que nos sometamos a Dios para que en ese día glorioso podamos ser parte de los salvados que vivirán con Cristo en la Nueva Jerusalén. Mi esposa me recordó el pasaje de Juan 10:4 con la intención de que, cuando la hermana terminara de narrar la experiencia, yo pudiera compartir algún otro comentario.

Tuve que mirar el pasaje varias veces para darme cuenta de una verdad extraordinaria. Juan 10:3 y 27 hablan específicamente de que las ovejas oyen la voz del pastor y lo siguen. Las ovejas *oyen* la voz, pero esto no quiere decir que las ovejas *entienden* lo que el pastor está diciendo. El detalle especial y particular es que ellas reconocen la voz de su pastor y, porque conocen su voz, le siguen.

Las ovejas no tienen que entender, dentro de su limitado conocimiento, lo que su pastor les dice. Basta con que conozcan su voz para seguirlo. Y lo siguen por una razón especial. Lo siguen porque, aunque no entiendan lo que ese pastor dice, saben y confían en que ese pastor las llevará a delicados y sabrosos pastos. La oveja puede reconocer cuando la persona que habla es su pastor o no. La oveja puede distinguir entre la voz del pastor y la voz del extraño. (Juan 10:5).

En ese sentido, la oveja no resiste el llamado de su pastor. No cuestiona ni pregunta a qué lugar el pastor la llevará. La oveja reconoce y sigue la voz, aunque no entienda lo que la voz dice. Nosotros, como ovejas del Señor, debemos mostrar la misma sumisión y mansedumbre. En cuestiones de fe, no siempre se nos dará la explicación a lo que Dios hace o hará, sin embargo, podemos someternos mansamente a los deseos y planes de Nuestro Pastor Celestial porque el propósito de Nuestro Pastor y Padre Celestial siempre es, y será, llevarnos a delicados pastos.

Pero, para que ese Pastor pueda llevarnos a buenos y delicados pastos, tenemos que dejar que Él sea el pastor, y recordar en todo momento que nosotros somos las ovejas. De otro modo, si nosotros refutamos o cuestionamos la sabiduría de Dios desde nuestra ignorancia, si queremos que Dios primero nos explique lo que ha de hacer con nosotros para luego aprobar o desaprobar Su voluntad, entonces no somos ovejas. Y si no somos ovejas, Él no podrá ser nuestro Pastor.

El asunto a entender en esto que parece ser un gran misterio es que, paradójicamente, nosotros no necesitamos entender. Nuestro asunto o nuestra tarea es reconocer la voz de Dios y seguirla.

No necesitamos entender lo que Dios hará. Debemos tener fe en que lo que Él hará siempre es y será bueno, agradable y perfecto.

Ahora bien, si relacionamos esto con la realidad que mencionamos al principio, ¿cómo podemos someter nuestra voluntad y nuestro carácter a una actitud mansa, cuando nuestro alrededor está tan lleno de violencia? Ser mansos y humildes, ¿no será acaso exponernos como presa fácil ante los demás? ¿Significa esto que tendremos que aceptar incondicionalmente todo lo que nos quieran imponer? Veamos el segundo aspecto.

2. Mansedumbre no es timidez o debilidad.

Del griego *prautes* se desprende un significado de mansedumbre como "soportar ofensas pacientemente y sin resentimientos". Sin embargo, esta es una traducción un tanto limitada al español.

El concepto griego consideraba esta definición desde una perspectiva más amplia, activa y positiva.

- La mansedumbre es tener un genio apacible, pero dispuesto.
- La mansedumbre no descarta la legítima defensa.

- La diferencia está en que la defensa que se presenta se hace con cortesía y suavidad.

En ese sentido, la mansedumbre no es muda, pero tampoco grita. La persona con el fruto del Espíritu es mansa, pero no es "mensa". Ser manso no significa ser tonto. La mansedumbre presenta esa perfecta combinación de delicadeza y firmeza.

Por otra parte, la mansedumbre no niega ni descarta los talentos o habilidades que el mismo Dios nos ha dado para usarlos. La mansedumbre no es miedo ni cobardía, porque tener miedo o temor no es característico de una persona que tiene el fruto del Espíritu Santo. La Palabra de Dios nos dice en 1 Juan 4:18 que el perfecto amor, que es también parte del fruto del Espíritu, echa fuera el temor.

La mansedumbre nunca será compatible con una falsa modestia o con el menosprecio de nuestros valores. Es por esta razón que la mansedumbre no admite en sí misma, ni permite de otros, la humillación ni la falta de respeto.

En nosotros mora el Espíritu de Dios, por tanto, el poder de Dios está a nuestro alcance para realizar grandes proezas.

La persona con mansedumbre reconoce y entiende que dentro de sí habita un poder extraordinario, capaz de alcanzar grandes cosas. La diferencia estriba en que la mansedumbre no alardea sobre ello, sino que somete ese poder a la voluntad perfecta de Aquel que le otorgó ese poder.

La mansedumbre se somete a Dios, y por amor a Dios también somete su voluntad a la voluntad de Dios. Parece debilidad, pero ciertamente no lo es. Se requiere de mucho carácter para dominar la fiera que llevamos dentro.

Si esto es cierto, entonces esto nos lleva a considerar por lógica el siguiente aspecto o característica.

3. La mansedumbre es un poder bajo control.

Hágase de cuenta que usted tiene un martillo en sus manos. Con ese martillo usted habrá de realizar 2 tareas. La primera será clavar un clavo en la madera. La segunda será romper una nuez.

¿Cuál es el propósito de este ejercicio? El propósito será demostrar una de las más importantes e interesantes características de la mansedumbre.

En ambos casos usted necesitará emplear la fuerza en el uso de la herramienta para lograr su objetivo. La pregunta es, ¿utiliza usted el martillo de la misma forma en ambos casos? Desde luego que no, ¿cierto?

De alguna forma similar utilizamos la mansedumbre. En algunos casos debemos asegurarnos de utilizarla con la firmeza suficiente como para lograr clavar el clavo en la madera. Pero en otros casos, debemos asegurarnos de ser lo suficientemente cuidadoso de no romper la nuez tan fuertemente que destruya igualmente el fruto con la cáscara.

Esta característica especial nos demuestra, en primer lugar, que la mansedumbre es un poder. Y como es un poder, es necesario ejercerlo. La diferencia en el ejercicio de ese poder radica en que se realiza cuidadosamente y con armonía perfecta. Este poder es suavemente firme y firmemente suave. La mansedumbre es, entonces, un poder controlado. Sujeto a Dios, pero también a la circunstancia y a la necesidad.

Ahora bien, si la mansedumbre no es timidez ni debilidad, sino más bien un poder bajo control, podemos considerar lo siguiente como nuestra cuarta característica de la mansedumbre.

4. La mansedumbre es armonía.

La expresión de mi vecino me hace recordar un refrán que dice: "Lo cortés no quita lo valiente". En el pasaje que hemos considerado notamos, en primer lugar, que es un pasaje que hacer referencia directa a Jesús. La expresión que utiliza el profeta Isaías, *"en quien mi alma tiene contentamiento"*, recuerda las palabras del Padre Celestial expresadas en relación a Jesús al momento de su bautismo. Por tanto, lo que debemos establecer inicialmente del pasaje es que de quien se habla en el mismo es de Jesús.

Luego el pasaje establece que Jesús, el escogido del Padre, no gritará ni alzará su voz, lo que indica que Jesús tendría un carácter apacible y sosegado. Pero luego, en Isaías 42:3-4, nos habla de que Jesús establecerá la justicia por medio de la verdad.

Establecer la justicia es establecer armonía, equidad y control. Pero establecer la justicia requiere de firmeza de carácter, al punto de que sea lo suficientemente fuerte como para llevar a todos los hombres y a todas las cosas a un punto de encuentro y de igualdad. A esto es a lo que el Apóstol Pablo hace referencia posteriormente en Colosenses 1:20 cuando dice que en Jesús se reconcilian todas las cosas.

El texto especifica que todas las cosas son aquellas que están en los cielos y las que están en la tierra. ¡Solo alguien como Jesús podía tener el carácter, el poder y la mansedumbre de realizar algo como esto!

Es necesario considerar también otra importante realidad. La vida siempre nos presentará situaciones conflictivas. La naturaleza del hombre, en ese sentido, siempre se verá impulsada a responder impulsivamente y de inmediato. La mansedumbre, por su parte, procurará mantener esa respuesta en perfecta armonía.

Desde luego, ser mansos no significa que no reaccionaremos ante una situación determinada. Tampoco significa que no nos indignaremos si esa situación determinada es adversa o injusta. Sin embargo, por medio de la mansedumbre, mantendremos nuestra reacción natural dentro de un estado de armonía espiritual. La mansedumbre someterá la carne al Espíritu.

Recuerdo en una ocasión que una compañera de trabajo, que es cristiana, me llamó a mi oficina desde el estacionamiento de la empresa, y me pidió el favor de buscarle las llaves de su vehículo que había dejado olvidadas en la mesa del salón de conferencias.

Este salón estaba justo al lado de mi oficina, por lo que fui a buscar sus llaves y se las llevé al estacionamiento.

Las llaves tenían un llavero muy particular. El llavero consistía de 3 cubos, como si fueran 3 dados, y cada cubo tenía una letra. Las tres letras eran "Q", "H" y "J". Encontré un tanto extraño ese llavero, sobre todo porque las letras no coincidían con las iniciales de su nombre.

Una vez en el estacionamiento, le pregunté lo que esas iniciales significaban, pues tenía curiosidad de saber el significado de esas letras. Ella me aclaró que no se trataba de ningunas iniciales, sino que eran una abreviatura de una pregunta. Ella me contestó:

- Lo que sucede es que estas letras me recuerdan lo que debo hacer en momentos de la vida en los que no sé que debo hacer. Si tengo un problema, si paso un mal rato en la carretera, si olvido algo o si alguien me ofende, miro el llavero y entonces sé lo que debo hacer.
- ¿Y qué debes hacer? – pregunté impaciente.
- Debo hacer lo que dicen las letras. Debo preguntarme ¿**Q**ué **H**aría **J**esús?

En Cristo, todas las cosas encuentran su armonía. La mansedumbre como fruto del Espíritu hace posible que podamos llevar todas las cosas a esa perfecta armonía. La mansedumbre es el poder que transforma el coraje en paz, la violencia en tranquilidad y la tormenta en calma.

Pero llevar todas las cosas a una perfecta armonía por medio de la mansedumbre no se logra por arte de magia. La mansedumbre no es meramente una virtud. Como bien sugiere Pablo, la mansedumbre es un fruto. Es un producto. Para ello, es necesario considerar nuestra próxima característica.

5. La mansedumbre es una práctica.

Hemos dicho que las acciones de la vida provocarán reacciones en nosotros. También hemos mencionado que muchas veces nuestras reacciones suelen ser violentas y cargadas de enojo. Pero también hemos dicho que la mansedumbre es un poder.

Es un poder con el que podemos llevar todas las cosas a un perfecto estado de armonía. Es un poder que neutraliza nuestro carácter y contrarresta nuestras reacciones negativas. En ese sentido, la mansedumbre es poder para controlar.

Pero, en adición, la mansedumbre es un poder que debemos practicar. Es necesario practicarlo y ensayarlo constantemente. No podemos ser mansos si en el efecto y en la práctica no lo somos. En ese sentido, la mansedumbre es una rutina que hacemos y practicamos diariamente. La mansedumbre es parte de nuestro estilo de vida. Eso debe ser así, porque la mansedumbre es parte del fruto del Espíritu, y el fruto del Espíritu es, y debe ser, nuestro total y absoluto estilo de vida.

La mansedumbre es un poder, porque forma parte del fruto del poderoso Espíritu Santo. Pero es un poder que debemos fortalecer en nuestro espíritu. Es un poder que tiene que hacerse parte de todo nuestro ser, para que todo nuestro ser esté sometido y controlado por ese poder.

No confundamos la mansedumbre con inacción. Por el contrario, si la mansedumbre es un poder, entonces la mansedumbre es fuerza. Y la fuerza se demuestra en la acción.

Pero según el pasaje, la mansedumbre procura, con la acción y la fuerza, establecer la justicia, la igualdad y la armonía en todas las cosas. Según el pasaje de Isaías, esta justicia se establece con la verdad. Se establece con Cristo.

Por tanto, el verdadero poder de la mansedumbre radica en la verdad. Esto no debe sorprendernos. Nuestro poder está en Cristo, pues Él dijo: *"Yo soy el camino, la verdad y la vida"*. (Juan 14:6). Lo que a su vez nos recuerda que sin Cristo no hay armonía, no hay poder y no hay mansedumbre.

Armonía es control. Es dominio. Es orden. Es la victoria del Espíritu sobre la ira, el rencor, la avaricia y el orgullo.

En fin, la mansedumbre es poder, control, armonía y acción. Es producto de lo que Dios hace con Su Espíritu en nosotros. Pero será en verdad un fruto cuando pongamos la mansedumbre en acción.

La mansedumbre será un fruto del que disfrutaremos nosotros, y todos aquellos que están a nuestro alrededor cuando la mansedumbre sea, al igual que el resto del fruto del Espíritu, parte de nuestro estilo de vida...

LA BALANZA, LA MANO Y LA VELA

Lectura: Tito 2:11-14

Cuentan de un rey de un país oriental que era poseedor de una gran riqueza y disfrutaba de las más extraordinarias comodidades. Vivía en un majestuoso palacio, gozaba del respeto, cariño y admiración de sus súbditos y su reinado era poderoso, próspero y bendecido. Un día, uno de sus siervos se le acercó para hacerle una pregunta:

- Mi señor, quisiera decirle que admiro su humildad, y que usted es un rey amoroso y de gran bendición para todos. Sin embargo, ¿cómo puede usted permanecer siendo así cuando está rodeado de tanta riqueza? ¿Cuál es su secreto?

El rey le dijo:

- Te revelaré mi secreto, si recorres conmigo el palacio para que puedas reconocer la magnitud de mi riqueza. Lo único que debes hacer es llevar contigo una vela encendida. Pero te advierto una cosa: si dejas apagar la vela durante el recorrido mandaré que te corten la cabeza.

Así comenzaron su caminata por el palacio, entrando y saliendo por distintas áreas y recámaras, cada una más hermosa, lujosa y llena de riquezas que la anterior. A todo esto, el siervo llevaba su vela encendida por todo el recorrido.

Al terminar el paseo, el rey le preguntó a su siervo si había podido contemplar su riqueza y qué le parecía.

- Lo siento, mi señor. No pude ver casi nada. Estuve tan ocupado en cuidar de que no se me apagara la vela que no me detuve a contemplar las riquezas de su palacio.
- Ese es, precisamente, mi secreto. – le dijo el rey. Estoy tan ocupado tratando de mantener viva la llama de mi interior que no puedo distraerme en las riquezas del exterior.

El Apóstol Pablo escribe esta carta a Tito, un gentil griego de Antioquía convertido al cristianismo, quien está a cargo de organizar las iglesias cristianas de Grecia, entre ellas la iglesia de Corinto. Naturalmente, estos cristianos no tenían una formación judía, por lo que estas iglesias lidiaban constantemente con situaciones particulares de su cultura, como inmadurez religiosa, inmoralidad, pasiones mundanas y falsas enseñanzas.

En esta carta, Pablo exhorta a estos cristianos de Grecia a vivir vidas sobrias, justas y piadosas. Para ello, Pablo hace una referencia similar a la que encontramos en la carta a los gálatas, en la cual se menciona por primera y única vez en toda la Escritura la palabra "templanza" como parte del fruto del Espíritu.

Ahora bien, ¿qué es la templanza y cómo se manifiesta?

En primer lugar, debemos establecer la diferencia que existe entre templanza y mansedumbre. La mansedumbre, como hemos mencionado, no es precisamente permanecer callado ante una situación determinada. La mansedumbre es una respuesta en armonía y control ante la misma.

La templanza, por otro lado, es el dominio de las emociones, deseos e impulsos que pudieran aflorar en nuestra respuesta. En ese sentido, la mansedumbre es la demostración externa de nuestra templanza interior.

La templanza es usualmente definida como dominio propio y control. Pero, para que podamos entender cómo se manifiesta, volvamos a nuestra ilustración del rey y su siervo.

Nosotros sabemos que el aire es importante para que la vela se mantenga encendida. El oxígeno es necesario para la combustión. De igual manera, la comida es necesaria para mantener la vida. Las medicinas, por su parte, nos ayudan a mantenernos en salud y a combatir enfermedades. El trabajo es necesario para que obtener y adquirir las cosas que son necesarias para una vida adecuada. El ejercicio promueve una mejor salud.

Ahora bien, ¿qué sucede cuando abusamos o hacemos uso exagerado de estos recursos?

- El exceso de comida produce sobrepeso, indigestión y dolor de estómago.
- El exceso de medicinas puede producir intoxicación, adicción y otras serias complicaciones.
- El exceso de trabajo produce desgaste físico, enfermedades, stress, además de muchos problemas matrimoniales y familiares.
- El exceso de ejercicio puede provocar lesiones serias y hasta incapacidades físicas.
- El exceso de aire puede, definitivamente, apagar una vela.

¿De qué estamos hablando? Estamos hablando específicamente de los placeres de la vida.

Placeres que en sí mismos no son malos, pero pueden convertirse en perjuicio y maldición si hacemos uso inadecuado de ellos. (Esto, sin hablar del sexo, que tiene una extraordinaria importancia para la vida, la raza humana y el disfrute, y del cual el ser humano ha abusado sin ninguna conciencia ni dominio).

Dar rienda suelta al disfrute desmedido de estas bendiciones puede traer consecuencias nefastas y desastrosas. Es ahí donde la templanza cobra una extraordinaria relevancia. La templanza no descarta ni elimina estos placeres y su disfrute. Lo que realmente hace es establecer un orden en su uso. La templanza considera y hace posible el disfrute de estos placeres de la vida dentro de un contexto saludable y provechoso.

Para los cristianos de las iglesias griegas esta era una dificultad real en su vida diaria. La luz de Dios en ellos era amenazada por cuestiones morales. Este detalle es interesante y muy importante, porque la templanza es, precisamente, dominio y control, particularmente en los asuntos de la moral y los deseos. La luz de la vela debe entenderse como la luz del Espíritu Santo morando en nosotros. La templanza, entonces, debe entenderse como la mano que cubre y protege la luz en nosotros para que ésta no se apague.

Desde esa perspectiva, la templanza debe entenderse como una protección de lo interno ante todo lo que se pueda presentar externamente. La templanza es moderación en el uso de los bienes, las bendiciones y las cosas buenas de la vida. La templanza es evitar los excesos. Por la templanza, los placeres de la vida se disfrutan ordenadamente, sin caer en los pecados de exceso. La templanza es moderación y equilibrio en el uso de las cosas buenas. Es hacer uso ordenado de las bendiciones.

Pablo reconoce que estos placeres están a nuestro alcance para nuestro disfrute y bendición, y tenemos la libertad de utilizarlos. Pero, así como aconseja a los gálatas a no usar la libertad como ocasión para la carne, (Gálatas 5:13), de igual forma instruye a Tito para que enseñe a los cristianos a mantener dominio y control en el uso adecuado y correcto de los mismos.

Naturalmente, tanto para los cristianos de antes, como para nosotros hoy, estos pecados de exceso son fuertes e irresistibles. La tendencia natural humana es buscar la satisfacción inmediata. Pero no tan sólo inmediata, sino constante. Si fuera por nuestro deseo, viviríamos en un estado permanente de vacaciones. Mucho descanso, comida, placer y comodidad.

Sin embargo, nosotros sabemos que no podemos permanecer viviendo de esta manera, pues eso no sería estar de vacaciones. Eso sería vivir en ocio y, aunque reconocemos que el tiempo de ocio y descanso es necesario para los seres humanos, vivir constantemente ociosos es un descontrol en el uso del tiempo de productividad y del tiempo de descanso. Es hacer mal uso de ambos.

¿Cómo, entonces, podemos procurar ese balance necesario para el buen uso de las bendiciones y las cosas buenas de la vida?

Bueno, la historia del rey y el siervo tiene otra parte. Luego de que el rey le revelara su secreto de cómo podía permanecer humilde, aún cuando poseía grandes riquezas, el siervo le hizo al rey la siguiente pregunta:

- Entonces, mi señor, ¿quiere usted decir que lo mejor sería no tocar las riquezas y mantenerse alejado de ellas?

El rey le pidió a su siervo que lo acompañara nuevamente, solo que esta vez no tenía que llevar una vela encendida consigo. Llegaron a una enorme habitación que estaba repleta de piedras preciosas de diferentes tamaños y colores.

En medio de la habitación había una elegante mesa con una balanza en oro. El rey le indicó al siervo que pusiera en la balanza cuantas piedras preciosas cupieran. La única condición que le impuso fue que la balanza no podía inclinarse totalmente hacia uno de los lados, porque de otra forma, mandaría a cortarle la cabeza.

Con mucho cuidado, el siervo comenzó a buscar piedras preciosas que fueran semejantes en tamaño y peso, para que al ponerlas en la balanza mantuvieran un balance adecuado.

Cuando ya no pudo acomodar más piedras preciosas a cada lado de la balanza, le indicó al rey que ya no podía añadir más ninguna, pues de otro modo las piedras podían desparramarse y desnivelar la balanza por completo.

- He ahí la contestación a tu pregunta. – dijo el rey. Lo importante no es si tocas o no las riquezas. Lo importante es el uso que le des. Puedes tener cuantas riquezas puedas, pero ellas no deben inclinar tu balanza hacia ningún lado. Las riquezas son una bendición cuando las tenemos y las usamos para bendición. Puedes tomarlas en tus manos, pero cuando lo hagas, debes procurar mantener el balance en tu vida. Así como no es bueno ser mezquino, tampoco es bueno ser un despilfarrador. El balance es la clave.

- Señor, - preguntó por último el siervo. - ¿Cuándo sabré que ya es suficiente?

El rey le contestó, al tiempo que le daba unas palmaditas en el hombro:

- Esa es la parte más fácil. Será suficiente cuando ya no quepa ninguna más en la balanza...

La templanza, en ese sentido, representa una lucha entre lo pasional y lo racional. Entre lo bueno y lo malo. Estos son los 2 platos de nuestra balanza. Nuestra tarea, entonces, se circunscribe a lo que debemos poner en ambos platos.

Las piedras preciosas con las que contamos son las respuestas, acciones o actitudes con las que balancearemos nuestra balanza. Esas respuestas son, aunque usted no lo crea, mucho más sencillas de lo que usted pudiera pensar.

Ante cualquier situación que se nos presente y exija una respuesta nuestra, lo único que podemos responder es SI o NO.

Estas son las únicas piedras de igual tamaño y color que podemos encontrar en nuestra habitación. Lo maravilloso es que para cada una de estas contestaciones, hay un solo plato. Por tanto, nuestro SI debe ir colocado en el plato de las cosas buenas en la misma medida en que colocamos el NO en las cosas malas. De esta manera, se conserva el balance.

La Palabra de Dios es clara y específica en este sentido. En ella encontramos que no sólo se exhorta a hacer lo bueno, sino también a no hacer lo malo. Créame, esto no es lo mismo ni se escribe igual.

Tome, por ejemplo, pararse en el medio de dos paredes, una blanca y una negra. Ahora, note lo siguiente. Mientras más usted camina hacia una de estas paredes, se produce el efecto simultáneo de que se aleja más de la otra. En ese sentido, la exhortación de Dios no deja opciones medias. Acercarse a lo bueno produce a su vez el efecto de alejarse de lo malo.

El cristiano no debe, entonces, vivir una experiencia de desnivel o inconsistencia. Nuestra templanza, entonces, se prueba en este campo de batalla del sí y el no. Lo que conviene y lo que no conviene.

Por lo mismo, si contestamos equivocadamente en cualquiera de los platos, la balanza se inclinará peligrosamente hacia uno de los lados, lo que pudiera provocar que nos corten la cabeza, o lo que es igual, que vivamos una vida de desorden y de piedras preciosas regadas por el suelo.

Hoy esa balanza está en frente de nosotros. Recuerde que sus contestaciones son piedras preciosas. Es decir, entonces, que tanto el SI como el NO que usted responda será sumamente valioso. Es por eso que si contestamos propia y correctamente, si colocamos las piedras preciosas donde corresponden, si aceptamos lo bueno en la misma medida que rechazamos lo malo, nuestra balanza estará en perfecto balance. Nuestra vida estará en perfecta templanza.

La exhortación de Pablo es a que vivamos sobria, justa y piadosamente. En esto nos ayuda la templanza. La templanza es la mano que cubre la vela del exceso de viento, y es la balanza de nuestras piedras preciosas.

¿Cómo está nuestra vela? ¿Cómo está nuestra balanza?

¿Estamos perfectamente balanceados, o estamos a punto de perder nuestra cabeza...?

EL PODER DE LA GRATITUD

Lectura: Lucas 17:11-19

Cada vez que leo este pasaje en el Nuevo Testamento no puedo evitar pensar que este es el caso más patético de ingratitud jamás considerado en las Escrituras. Sobre todo, porque este es el vivo ejemplo de lo que día a día hacen todos aquellos que no muestran agradecimiento por el sacrificio de amor que hizo Jesús en la cruz por nosotros. Triste y desafortunadamente, los 9 malagradecidos de esta historia cuentan hoy día con una gran cantidad de imitadores.

¿Debieron ser agradecidos estos hombres? Ya lo creo que sí. ¿Por qué debieron ser agradecidos? Por varias razones.

-   La lepra representaba la marca imborrable de una enfermedad incurable. Al igual que el pecado, la lepra era sinónimo de desdicha, repugnancia y muerte. La muerte era, precisamente, la única e inevitable salida a una vida que no era vida.
-   La lepra era temible debido a los efectos sociales que producía. Todo leproso era aislado de su familia, de su pueblo y de su estilo de vida. Perdía todo contacto físico con todo lo que antes amaba.

- De igual manera, todo aquel que está marcado por la lepra del pecado vive alejado de su Padre Celestial, y por tanto, vive apartado de toda relación con Dios.
- La sanidad de la lepra del pecado representa la realidad de una nueva vida con posibilidades extraordinarias. Es volver a la normalidad, y ser libre del estigma humillante del que debía anunciar con vergüenza que era un inmundo.

Por tanto, la ingratitud de estos 9 hombres representa la triste realidad de aquellos en quienes Dios no tiene el primer lugar.

Yo pienso que la gratitud debe ser parte esencial de la vida del cristiano. Podemos decir que la gratitud debería ser parte del fruto del Espíritu. Sin embargo, no cederé a la tentación de añadir algo a la Palabra de Dios que no aparece así escrito. Ahora bien, pienso que no me equivoco si digo que la gratitud debe ser causa y efecto de todos aquellos en quien se manifiesta el fruto del Espíritu.

El fruto del Espíritu provoca en nosotros ser agradecidos. De hecho, la gratitud es una virtud práctica de aquellos que decimos tener el fruto del Espíritu. Somos agradecidos por cuanto el Espíritu de Dios ha producido fruto en nosotros.

De igual manera, mostramos el fruto del Espíritu de una manera activa porque es la forma con la que le agradecemos a Dios por Su Espíritu Santo y su fruto. Por cuanto el Espíritu de Dios ha producido fruto en nosotros, somos agradecidos. La gratitud, entonces, tiene la misma esencia que tiene el fruto del Espíritu.

¿Cuáles pudieran ser algunas de esas características de la gratitud que la hacen tan importante en la vida del cristiano? Veamos y comentemos sobre algunas de ellas:

1. La gratitud es un reconocimiento del amor de Dios.

En 1 Juan 4:19, la Biblia nos dice:

"Nosotros le amamos a él, porque él nos amó primero". (RVR60).

El Apóstol Juan expresa sin lugar a dudas que lo menos que podemos hacer para agradecer el amor de Dios en nosotros es amarle de igual manera. Por tanto, la gratitud es, entonces, una respuesta lógica a la manifestación de amor de nuestro Padre. Amar a Dios porque Él nos amó primero es la manera más elemental de decirle a Dios "Gracias por amarme". "Gracias por estar presente, aún cuando no podía verte". "Gracias por todo".

La gratitud es lo que nos permite adorar a Dios de forma eficaz y sincera. La gratitud es la esencia de nuestra adoración.

La palabra "gracia" proviene del griego *"gratia"*. El verbo que manifiesta esa gracia se conoce en el griego como *"eukharistía"*, que significa "acción de gracias". De ahí que nuestra adoración a Dios, nuestra "eucaristía", sea nuestra "acción de gracias" hacia Dios.

Nuestra gratitud, entonces, es la manera en la que expresamos nuestra adoración más básica, legítima y pura. Es el motivo de nuestro culto racional.

2. La gratitud es antídoto contra la amargura y el abono de la fe.

La gratitud es, ciertamente, una parte esencial de una vida gozosa. A tales efectos, la Escritura nos declara en 1 Tesalonicenses 5:16-18:

"Estad siempre gozosos. Orad sin cesar. Dad gracias en todo, porque esta es la voluntad de Dios para con vosotros en Cristo Jesús". (RVR60).

Note bien que estas instrucciones están juntas, lo que da a entender que la voluntad de Dios para con nosotros en Cristo Jesús es dar gracias en todo y orar sin cesar, pues de esta manera estaremos siempre gozosos.

Desde luego, hay momentos en nuestra vida que no son, ciertamente, alegres o gozosos. No obstante, como hemos mencionado anteriormente, nuestro gozo no depende de nuestras circunstancias, sino de estar en la presencia de Dios en todo tiempo. Solo así Dios se hará presente en cualquier circunstancia de nuestra vida, y estaremos siempre gozosos. Agradecer a Dios en todo tiempo, entonces, contrarresta los efectos de los momentos difíciles, y nos conduce a una actitud de fe, pues no veremos lo grande que puedan ser nuestros problemas, sino que veremos cuán grande es Dios en medio de nuestros problemas.

3. La gratitud es sanidad de la visión espiritual.

Ser agradecidos parece ser una gran manera de corregir defectos de nuestra visión espiritual. Muchas veces, por concentrarnos en lo que no tenemos, olvidamos reconocer lo que tenemos, lo que no nos permite ser agradecidos a Dios por ello. Ahora bien, esta corrección apunta a 3 aspectos muy importantes de nuestra vida: El pasado, el presente y el futuro.

Constantemente Dios recordaba a su pueblo sobre las cosas que Él había hecho por ellos en el pasado. Observe bien estos recordatorios bíblicos:

- *"Acuérdate que fuiste siervo en tierra de Egipto, y que Jehová tu Dios te sacó de allá con mano fuerte y brazo extendido...".* (Deuteronomio 5:15).
- *"Y te acordarás de todo el camino por donde te ha traído Jehová tu Dios estos cuarenta años en el desierto, para afligirte, para probarte, para saber lo que había en tu corazón, si habías de guardar o no sus mandamientos. Y te afligió, y te hizo tener hambre, y te sustentó con maná, comida que no conocías tú, ni tus padres la habían conocido, para hacerte saber que no sólo de pan vivirá el hombre, mas de todo lo que sale de la boca de Jehová vivirá el hombre. Tu vestido nunca envejeció, ni el pie se te ha hinchado en estos cuarenta años".* (Deuteronomio 8:2-4).

Aún cuando el pasado haya traído a nuestras vidas momentos de incertidumbre y dolor, Dios ha estado presente para manifestar su poder y librarnos oportunamente.

Ciertamente, por las obras maravillosas de Dios en el pasado, debemos estar agradecidos.

El Rey David, uno que siempre manifestó su gratitud a Dios, también aporta a esta experiencia lo que declaró en el Salmo 103:2:

"Bendice, alma mía a Jehová, y no olvides ninguno de sus beneficios". (RVR60).

¡No en balde David tenía un corazón conforme al corazón de Dios! En realidad, la gratitud que él siente hacia Dios le permite recordar la forma en la que Dios ha obrado en su pasado. Por tanto, la gratitud se convierte en la memoria que no olvida el amor y la misericordia de Dios. La gratitud es la memoria que no olvida ninguno de sus beneficios.

En relación a nuestro presente, la Palabra de Dios nos indica y nos advierte lo siguiente:

- *"Así que, teniendo sustento y abrigo, estemos contentos con esto. Porque los que quieren enriquecerse caen en tentación y lazo, y en muchas cosas necias y dañosas, que hunden a los hombres en destrucción y perdición".* (1 Timoteo 6:8-9).
- *"Sean vuestras costumbres sin avaricia, contentos con lo que tenéis ahora; porque él dijo: No te desampararé, ni te dejaré".* (Hebreos 13:5).

La advertencia de la Escritura contempla el peligro de no ser agradecidos de Dios en nuestro presente cuando nuestra visión limitada y egoísta no puede, o no quiere ver, que ya somos bendecidos. Podemos y debemos ser agradecidos con lo que Dios nos ha dado hasta ahora. Por cierto, cuando somos agradecidos de Dios por lo que tenemos ahora, estamos expresando nuestra confianza en Dios en cualquier otro asunto que se nos presente.

El salmista no lo pudo expresar mejor cuando declaró en el Salmo 27:13:

"Hubiera yo desmayado, [pasado], *si no creyese* [presente] *que veré* [futuro] *la bondad de Jehová en la tierra de los vivientes".* (RVR60).

Carmencita, mi esposa, lo expresa de una manera igualmente hermosa e inspiradora:

"No tenemos nada que temer, a menos que olvidemos la forma en la que Dios nos ha guardado en el pasado".

La realidad de la obra de Dios en nosotros en el pasado es garantía de bendición en nuestro presente y nuestro futuro.

4. La gratitud es libertad del orgullo.

El libro de los Hechos de los Apóstoles nos muestra el efecto que tuvo la gratitud entre los hermanos de la primera congregación. Hechos 2:44-47 nos dice que ellos estaban juntos, que tenían en común todas las cosas, que procuraban el bienestar de cada uno y que comían el pan juntos, con alegría y sencillez de corazón.

Cuando somos agradecidos, podemos unirnos en comunión con nuestros hermanos, sin distinción alguna que pudiera representar alguna diferencia. La gratitud nos hace uno.

Por el contrario, el que no es agradecido rechaza la comunión de sentimientos que inevitablemente surge entre la persona que da y la persona que recibe. El ingrato siempre está triste, pues pasa toda su vida rechazando, negando y haciendo fuerza contra el poder irresistible de la gratitud. La gratitud nos une en igualdad con la creación de Dios, en especial, con aquellos a quienes Dios creó a su imagen y semejanza. La ingratitud nos hace distintos, solitarios y antisociales. La gratitud es gracia, comunión, identidad.

La gratitud es una fuerza que nos hace ser "un solo cuerpo en Cristo".

5. La gratitud es el retrato del creyente.

La gratitud es, sin duda, la mejor evidencia de que hemos entendido el significado y el alcance del amor de Dios. El verdadero creyente es agradecido con Dios por su misericordia y por lo que nos da por medio de los demás.

Por lo mismo, la ingratitud es el retrato del incrédulo. Todo aquel que no es agradecido, que no muestra gratitud, es simple y sencillamente un desdichado que no conoce el amor. Eso no quiere decir que esa persona no haya sido amada. De ser así, su caso es más patético, pues aún cuando tiene motivos suficientes para ser agradecido, simplemente se pierde la bendición de experimentarlo. La gratitud, entonces, es lo que nos permite vivir el amor.

6. La gratitud es el pago mínimo de nuestras bendiciones.

A esto, la Palabra de Dios nos dice en el Salmo 116:12-13 lo siguiente:

"¿Qué pagaré a Jehová por todos sus beneficios para conmigo? Tomaré la copa de la salvación e invocaré el nombre de Jehová". (RVR60).

Alzar la copa en un brindis siempre ha sido señal de gratitud por el favor recibido. Son los dos pulgares levantados en señal de aprobación. Y ciertamente a Dios no podemos pagarle todo lo que ha hecho por nosotros. Entonces, ¿cómo le pagaremos?

No hay una mejor forma de pagar a Dios lo que ha hecho por nosotros que vivir una vida de agradecimiento y obediencia. Cuando obedecemos a Dios le estamos manifestando nuestra gratitud por sus bendiciones. Lo menos que podemos hacer para agradecer a Dios todos sus beneficios es haciendo nuestra la salvación que Él compró por nosotros en la cruz.

Pero, luego de aceptar esa salvación por medio de Jesucristo, nuestra vida debe ser una declaración constante de la gratitud que tenemos a Dios por sus bondades. Ser agradecidos de Dios es vivir a la altura de la salvación que se nos ha otorgado.

Pensemos por un momento:

- ¿Dónde estábamos antes que Cristo nos encontrara?
- ¿Éramos acaso esclavos en Egipto?
- ¿Vivíamos a las afueras del pueblo gritando y proclamando nuestra inmundicia?

163

- ¿Estábamos alejados de todas las bondades y promesas de Dios por culpa de la lepra del pecado?
- ¿De dónde Dios nos sacó?
- ¿Dónde estamos ahora? ¿Estamos ahora mejor de lo que estábamos antes? (Si no lo estamos, tal vez sea el momento de encontrarnos con Jesús y pedirle que, como aquellos leprosos, tenga misericordia de nosotros).
- Dios nos ha limpiado de la lepra, nos ha sacado del lodo cenagoso del pecado, ha puesto nuestros pies sobre peña y nos ha dado un cántico nuevo. (Salmo 40). ¿Acaso no será todo esto razón suficiente como para estarle eternamente agradecidos? ¿Cómo pagaremos por el don de *"una salvación tan grande"*? (Hebreos 2:3).

Nos corresponde ser agradecidos. Es necesario que regresemos agradecidos al Maestro que nos limpió de la lepra del pecado, nos ha cubierto de beneficios en el presente y nos asegura por Su Palabra que "no nos dejará ni nos desamparará".

Hoy, como lo hizo el leproso agradecido, volvamos siempre a Jesús para decirle: "Gracias, Señor".

EL CICLO DE LA GRATITUD

Lecturas: Proverbios 19:17, Mateo 25:40, Lucas 17:11-19

Yo creo que dar gracias es una de las más poderosas acciones que puede realizar el ser humano. Dar gracias es:

- La demostración de amor más elemental en respuesta a lo que otros han hecho por nosotros.
- La demostración más sencilla de aprecio por el servicio que nos han prestado.
- Dar gracias no cuesta nada a quien las da, y vale mucho para quien las recibe.

Sin embargo, siempre me ha parecido que la gratitud no es meramente una virtud o un buen gesto. Para mí la gratitud es también un ciclo.

- No dar gracias es dejar la escena incompleta. Es un adiós sin despedida.
- No dar gracias deja la impresión de que el trabajo no está terminado. Queda una sensación de que falta algo.
- No dar gracias es dejar algo pendiente.
- No dar gracias es no echar sal a la comida. Deja un mal sabor.

(Los que por cuestiones de salud tiene que comer sin sal saben de lo que estoy hablando).

De hecho, hay quienes al menos esperan recibir una palabra de agradecimiento por lo que han hecho, al punto, incluso, de adelantarse a la otra persona y darse las gracias a sí mismos. Por supuesto, esto lo hacen para dejarle saber a la otra persona, de una forma muy sutil pero directa, lo que debieron hacer o lo que debieron responder por el favor, el servicio o la acción que recibieron.

Ahora bien, la acción de gracias se puede contemplar desde 3 perspectivas o puntos de vista. La gratitud se puede mirar de 3 formas distintas. Analicemos cada uno de ellos de forma práctica y a la luz de la Palabra de Dios.

1. Dar gracias a Dios.

Si yo le preguntara a usted si da gracias a Dios, estoy seguro que me contestaría que sí. También estoy seguro que si yo le preguntara el por qué usted da gracias a Dios, usted me diría que porque Dios es bueno, porque Dios le ha dado muchas cosas buenas, o porque hasta en las cosas no tan buenas debemos dar gracias a Dios. Ahora le pregunto, ¿cómo lo hace? ¿Cómo usted acostumbra dar gracias a Dios?

Nosotros tenemos un poderoso instrumento para comunicarnos con Dios. Este instrumento es la oración. Ahora, ¿sabía usted que la oración es el instrumento que menos aprovechamos para dar gracias a Dios?

No se engañe. Usted sabe que lo que digo es cierto. Usualmente utilizamos la oración para pedir a Dios, en lugar de utilizarla para darle gracias. No es que no pidamos nada a Dios en oración. Podemos hacerlo, y la Biblia lo aconseja. Tampoco es que utilicemos la oración únicamente para dar gracias. Pero, desafortunadamente, es lo menos que hacemos. Usualmente nos comunicamos con Dios cuando queremos pedir algo o cuando tenemos un problema.

Como dato curioso, ¿ha tenido oportunidad de ver en la Biblia las ocasiones en las que se ha elevado una oración? Es cierto que muchos reyes, profetas y hombres de Dios oraron pidiendo dirección, sin embargo, son muy pocas en las que se ofrece detalles de la oración. Ahora, ¿ha notado lo detalladas de las oraciones de gratitud registradas en las Escrituras? Observe estos ejemplos:

- Moisés dio gracias a Dios en una extensa oración que aparece en Éxodo 15, cuando cruzaron el Mar Rojo y fueron librados de mano del Faraón.

- De hecho, esta oración aparece nuevamente en la Biblia como el Salmo 90.
- La oración del Rey Salomón en la ocasión de la dedicación del Templo de Jerusalén. (2 Reyes 6-7).
- La oración de Jesús frente a la tumba de Lázaro. (Juan 11). Esta oración no fue larga, pero sí muy poderosa. Fue, sencillamente, una oración de acción de gracias.

Dar gracias a Dios es una cosa. Pero dar gracias a Dios por medio de la oración es otra cosa.

- Es el cierre perfecto para el ciclo de gratitud.
- Es el toque final de una obra maestra.
- Es la firma al final de la carta.
- Es justamente lo que debemos hacer cuando Dios ha hecho algo a favor nuestro.

Cuando no damos gracias a Dios el ciclo de la gratitud se queda incompleto. Tome, por ejemplo, el caso de los 10 leprosos. Lucas 17:11-19 registra la historia de 10 leprosos a quienes Jesús encontró mientras iba entre Samaria y Galilea de camino a Jerusalén. Estos 10 hombres leprosos salieron al encuentro de Jesús, y desde lejos le imploraban misericordia.

Jesús, entonces, les indicó que fueran a mostrarse a los sacerdotes, lo cual era la costumbre. Eran los sacerdotes quienes determinaban si una persona estaba limpia de la lepra, pues de otra manera, se les consideraba impuros y debían permanecer alejados del pueblo donde vivieran.

Dice la Escritura que estos hombres obedecieron el mandato de Cristo, por lo que recibieron sanidad mientras iban de camino a los sacerdotes. Sin embargo, algo especial sucedió después de este milagro. Uno de esos hombres, precisamente un samaritano que se encontraba con ellos, decidió volver donde Jesús y postrarse en tierra para agradecerle por la sanidad que había recibido. Jesús reconoce este detalle del samaritano y le dice: "*Levántate, vete; tu fe te ha salvado*". (Lucas 17:19).

Noten ustedes lo que este hombre consiguió al completar el ciclo de la gratitud:

- Logró lo que no había podido hacer al principio. Logró acercarse al Maestro. Dar gracias a Dios nos acerca al Dios de la gracia.
- No es lo mismo tratar con Dios de lejos a que Dios trate contigo de cerca.
- El que da gracias a Dios siempre recibe algo más que el milagro.

La oración de gratitud es mucho más poderosa de lo que podemos imaginar.

Cuentan que en una ocasión un grupo de científicos visitó una tribu indígena en la selva de Brasil. Dialogaron con ellos de distintos temas hasta que hablaron de Dios. Esta fue parte de esa conversación:

- ¿Oran ustedes a Dios? - preguntaron los científicos.
- Por supuesto que oramos a Dios. – fue la respuesta.
- ¿Y qué le piden?
- ¿Pedir? ¿Qué le vamos a pedir, si Dios nos da todo?
- Entonces, ¿para qué oran?
- Oramos a Dios para darle gracias. Así no tenemos que hacer sacrificios para agradarlo. Nuestra gratitud es nuestra mejor ofrenda.

La Palabra de Dios exhorta en Filipenses 4:6 a que presentemos nuestras peticiones con acción de gracias. Creo, entonces, que una cosa no puede ir sin la otra. No deberíamos elevar una oración a Dios sin, por lo menos, darle gracias por lo que nos ha dado, por lo que no nos ha dado, por definitivamente todo y de todas maneras en todo.

2. Dar gracias a los demás.

¿Por qué es necesario dar gracias a nuestros semejantes? Por varias razones:

- Ellos también han hecho cosas por nosotros.
- Ellos también merecen nuestro agradecimiento.
- Por su voluntad para servirnos, ellos también se convierten en instrumentos de Dios para bendecirnos.

En un retiro para matrimonios le preguntaron a un hombre si era agradecido. Él contestó que sí. Luego se le preguntó si alguna vez había dado gracias a Dios por su esposa. Aunque titubeó un poco, también contestó en la afirmativa. Luego le preguntaron si había dado gracias a Dios por los demás. El hombre se detuvo, y muy sinceramente dijo que no todo el tiempo.

La persona que conducía la dinámica matrimonial insistió en su interrogatorio utilizando las siguientes preguntas: "¿Alguna vez has dado gracias a Dios por los alimentos? ¿Por los animales que hacen nuestra vida más fácil? ¿Por las personas que crían estos animales? ¿La madera de los árboles? ¿Las manos trabajadoras que construyen las cosas que usamos?".

El hombre se detuvo nuevamente, y luego de pensar un poco, contestó de la siguiente forma:

- No creo haber dado gracias por todo eso. Tampoco creo haberle dado gracias a Dios por mi esposa en todo momento. Pero creo que desde hoy puedo comenzar a remediarlo. Por tanto, doy gracias a Dios por las manos, de los que construyeron la cuna, donde pusieron al hombre, que crió la vaca, de donde sacaron la leche, con la que alimentaron a la niña, que hoy me bendice siendo mi esposa...

Cuando no damos las gracias a los demás por lo que han hecho por nosotros, el ciclo de la gratitud también queda incompleto.

Darle las gracias a los demás por lo que han hecho por nosotros crea un vínculo. Un punto de enlace. Algo que nos une y nos identifica con los demás.

Una persona agradecida nunca es olvidada por quien lo ayuda. Y si usted ha comprendido el poder de este ciclo de gratitud, buscará la forma, la oportunidad y los medios para devolverle el favor. Entonces, el ciclo no se detiene, y ya usted formaría parte de la cadena.

El ciclo de la gratitud contempla 2 funciones particularmente edificantes.

- Estimula a los demás a seguir haciendo cosas por los demás.
- Nos estimula a nosotros a hacer lo mismo.

Dar gracias desencadena un ciclo de buenas acciones, y deshace el temor de hacer el bien. Cuando alguien sabe que sus acciones producirán una recompensa, no dudará en realizarla. Usted, con su gratitud, puede contribuir a este ciclo.

Nos queda por considerar una tercera forma de apreciar la gratitud. Realmente, lo que esta tercera perspectiva propone es la combinación de las 2 anteriores.

3. Dar gracias a Dios por medio de los demás.

Hubo una vez un joven muy rico, a quien Dios sanó de una enfermedad muy grave. Este joven estaba tan agradecido de Dios que exclamó de la siguiente manera:

- ¡Oh, Señor! Si yo te pudiera recompensar, de buena gana yo te ofrecería todos mis bienes en el altar.

El pastor de la iglesia lo escuchó, y hablando con él le dijo:

- Todo lo bueno que recibes viene de arriba, a donde nada puedes devolver. Pero si quieres hacer un sacrificio de gratitud, ven conmigo.

El pastor y el joven se dirigieron a una humilde choza, donde pudieron apreciar una gran miseria. El padre de familia yacía en cama gravemente enfermo. La madre lloraba desconsoladamente, los niños vestían harapos y en el hogar no había nada para comer. Al ver todo lo que sucedía, el pastor le dijo a este joven:

- Hijo, aquí tienes el altar para tus sacrificios. Si quieres recompensar a Dios por lo que ha hecho contigo, hazlo a través de estos hijos suyos.

Luego, esta familia testificaba sobre cómo Dios envió "un ángel" a su auxilio y pudieron superar esa terrible situación.

Si queremos demostrar nuestra gratitud a Dios, debemos hacerlo *"con uno de sus pequeñitos"*. (Mateo 25:40). Mirar al cielo y dar gracias a Dios es un ciclo incompleto si, después que miramos al cielo, no miramos a la Tierra.

El propósito del ciclo de la gratitud no es que se convierta en un viaje de ida y vuelta. No es un círculo cerrado. No es devolviendo a Dios que creamos el ciclo de la gratitud. Este ciclo no hay que crearlo. Ya está creado. Nuestro deber es continuarlo, y dando a otros es la manera de continuarlo.

Para ser canales de bendición tenemos que dejar fluir la bendición a través de nosotros. Si eso no ocurre con nosotros, entonces somos canales obstruidos. Necesitamos destaparnos. Necesitamos dar gracias. Necesitamos dar por gracia lo que por gracia hemos recibido. (Mateo 10:8). Somos bendecidos para bendecir. Es necesario dar gracias a Dios en todo tiempo. También es necesario agradecer a los demás. Esto es justicia y paz.

Pero no olvidemos que una de las mejores formas de agradecer a Dios es hacer que otros puedan agradecer igualmente lo que Dios hace con ellos por medio de nosotros. Nosotros también podemos ser ángeles del Señor.

El ciclo de la gratitud nos convierte en instrumentos de gracia. A Dios damos gracias. Permita El Señor que otros puedan también dar gracias a Dios por medio de nosotros...

NADA EXTRAORDINARIO

Lectura: Lucas 17:7-10

Durante 8 años trabajé como contable para una compañía de distribución de productos de belleza en Puerto Rico. El dueño de la empresa era un hombre que en ocasiones se mostraba un tanto cascarrabias, pero en el fondo era una persona con un gran corazón. Desde luego, le gustaba el trabajo bien hecho y a tiempo, como entiendo que a cualquiera de nosotros también le gustaría.

Una de las particularidades de este señor, junto a sus hijos, quienes también laboraban en la compañía, era lo que muchos de nosotros catalogábamos como mal agradecimiento y falta de reconocimiento de la labor que los empleados realizábamos.

Cada vez que uno de nosotros lograba completar un informe, realizaba una venta importante o terminaba una tarea asignada queríamos hacer lucir lo importante y vital que éramos para la solidez de la empresa. Cual no era nuestra decepción cuando, en lugar de un reconocimiento especial por nuestra acción, nuestros jefes nos repetían una y otra vez lo siguiente:

"No has hecho nada extraordinario. Solamente has hecho tu trabajo, has cumplido con tus obligaciones, has conservado tu puesto y has evitado así terminar en las filas del desempleo".

Debo admitir que no era siempre las ocasiones en la que recibíamos dicha declaración. Personalmente, en varias ocasiones me expresaron su aprobación a mi desempeño con palabras de elogio. A decir verdad, esta expresión que podía parecer un tanto despectiva para muchos de nosotros, estaba matizada en ocasiones por un tono de broma y sarcasmo, lo que eventualmente se convirtió en una expresión jocosa y satírica entre nosotros mismos.

¿A usted no le parece que esta declaración en forma de parábola de parte de Jesús tiene un tono similar a la expresión de mi jefe? Pareciera que Jesús no apreciara la labor que los siervos realizan para sus amos. ¡Incluso los llama "siervos inútiles"! Esto, definitivamente, suena muy fuerte, ¿no le parece?

Entiendo que una actitud como esa no corresponde al carácter bueno y amable de Jesús. Por tanto, debe haber una buena explicación para esto.

Una explicación que, además de aclarar el asunto, nos arroje luz sobre otros asuntos que no resaltan a simple vista en el pasaje y la parábola, que seguramente contienen enseñanzas poderosas y enriquecedoras para nuestra vida.

1. Somos sus siervos.

Debe quedar claro, de primera intención, que lo que Cristo quiso establecer acerca de sus siervos no era, precisamente, que sus siervos no sirven para nada. No hace ningún sentido que, si de todas maneras vamos a ser inútiles e inservibles, seamos llamados para realizar la tarea más importante del Reino de los Cielos: Llevar el evangelio a toda criatura.

Por otro lado, el precio de sangre pagado por Jesucristo en la cruz es indicativo del elevado costo que la salvación de la humanidad tiene. Por si fuera poco, podemos ver a lo largo de toda la Escritura que Dios bendice y recompensa a los obedientes, lo que de alguna manera indica que, aunque Dios no nos "paga" por nuestros servicios, obedecerle tiene sus beneficios. Por tanto, ciertamente somos valiosísimos para Dios.

Lo que implica el texto es que, por alto sea nuestro valor en el Reino de Dios, ello no convierte a Dios en deudor nuestro.

- Por más que hagamos para Dios, nunca alcanzaremos a pagar ni una ínfima parte de todo lo que Él ha hecho por nosotros.
- Nunca podremos darle a Dios más de lo que Él mismo tiene o más de lo que Él nos ha dado.
- A Dios no le ofrecemos favores. A Dios le ofrecemos servicio.
- Nada de lo que hagamos por Dios lo hace más poderoso o divino. Él sigue siendo el Dios Todopoderoso, aun cuando nosotros no hagamos nada por Él.

Nosotros no hacemos, o no debemos hacer buenas obras como si estas de por sí merecieran un favor especial o arbitrario de parte de Dios. Isaías 64:6 nos recuerda que nuestras justicias delante de Dios son como trapo de inmundicia. Y perdóneme la expresión, pero usualmente no le damos las gracias a la toalla sanitaria por cumplir con su función. Más bien, le damos gracias a Dios por haberle dado la sabiduría al inventor de la toalla sanitaria, y por la bendición que ella representa en nuestros tiempos modernos. (Como dato importante, el trapo de inmundicia de los tiempos antiguos venía a ser la toalla sanitaria de la actualidad).

De alguna manera, la expresión de Jesús apunta hacia esa dirección. La misión del evangelio de vida no es grande por los siervos que la hacen una realidad, sino porque el evangelio se hace grande en la vida de los siervos que hacen realidad la misión. No somos nosotros quienes hacemos grande la misión, sino que hacer la misión nos hace grandes.

2. La parábola es un llamado a la humildad y una expresión del amor de Dios por nosotros.

El interés central del servicio no se concentra en el que sirve, sino en el servido. El Reino de los Cielos y el mensaje del evangelio no giran alrededor de nosotros, sino alrededor de:

- Los pobres en espíritu, los que lloran, los mansos.
- Los que tienen hambre y sed de justicia, los misericordiosos, los de limpio corazón.
- Los pacificadores, los que padecen persecución por causa de la justicia.
- Y por aquellos contra quienes se dice toda clase de mal mintiendo.

El "universo de clientes" a quienes venimos obligados a servir son todos aquellos mencionados en Las Bienaventuranzas del Sermón del Monte. (Mateo 5:3-12). En ese sentido, la alabanza y la gloria no le corresponden al pastor, al misionero, al doctor en ministerio o al capellán certificado.

Los títulos, los diplomas y las placas son meritorios, pero no son indicadores de nuestra utilidad en el Reino. Se trata, más bien de que sea Cristo, *"el autor y consumador de nuestra fe"*, (Hebreos 12:2). Él es el verdadero arquitecto del plan. Debe ser Él quien reciba toda honra y toda gloria, y de que todos aquellos quienes necesitaran del evangelio fueran servidos adecuadamente.

La expresión de Jesús en este pasaje es un llamado a la humildad. A que reconozcamos que ninguno de nosotros está por encima de la misión de Dios, y mucho menos por encima del Dios de la misión. Nosotros no somos las superestrellas del Reino. En el Reino, la verdadera superestrella es Cristo.

En una ocasión un joven deportista se enojó violentamente contra su dirigente. Comenzó a increparle acerca de las decisiones que estaba tomando, indicando que las mismas estaban afectando el futuro de su carrera. Amenazó al dirigente y al dueño de la franquicia exigiendo más respeto a su capacidad deportiva y a su talento excepcional en el juego, o de lo contrario, abandonaría el equipo.

La noticia ocupó titulares nacionales, lo que llamó la atención de todos, en especial de dos deportistas ya retirados.

Ambos, quienes eran miembros del Salón de la Fama del deporte, decidieron hacer algo al respecto y acordaron una cita con este joven en las oficinas de la liga. El joven llegó a su cita como acordado, saludando muy efusivamente a estas dos grandes glorias del deporte. Para el muchacho representaba un momento muy especial el poder codearse con dos figuras tan estelares.

Luego de intercambiar algunas palabras, pasaron a una oficina privada que les fue reservada por el presidente de la liga. Allí tendría lugar la conversación.

Al instante de cerrar tras de ellos la puerta de la oficina, uno de los dos deportistas retirados, el más alto, fuerte e intimidante de los dos, puso sus dos manos sobre los hombros del joven y lo obligó de un empujón a sentarse. Luego, ambas personalidades tomaron una silla cada uno y se sentaron de frente al muchacho.

El más grande de ellos inclinó su enorme anatomía hacia el joven, y en tono amenazante le indicó que, si no escuchaba lo que ellos tenían que decirle, o si trataba de asumir una actitud arrogante con ellos, él mismo se encargaría de someterlo a la obediencia de un buen porrazo.

Por un instante, el joven deportista parecía asustado, pues no esperaba que unos deportistas tan reconocidos lo trataran de esa manera, por lo que su respuesta se redujo a una breve mímica de aceptación.

De inmediato, el otro de los deportistas le dijo al joven las siguientes palabras:

"Solamente queremos recordarte lo que una vez nos recordaron a nosotros. Tú no eres más grande que el deporte. El mundo no gira alrededor tuyo. Tienes un gran talento, pero en este deporte alcanzarás las estrellas si te mantienes con los pies en el terreno. El mismo deporte que hoy te enaltece, mañana puede dejarte comiendo tierra, literalmente. En la medida en la que tú seas humilde, otros te exaltarán. Lo importante no es lo que tú mismo pienses de ti, sino lo que los demás sean capaces de reconocer en ti. Algún día podrás llegar al Salón de la Fama, pero eso dependerá de tu esfuerzo en el terreno de juego, de tu humildad fuera del terreno de juego y de los votos de los demás".

En la misión no debemos procurar grandeza para nosotros mismos. Esa fue, precisamente, la esencia de la maldad de Satanás. Por ser quien era, y por hacer lo que hacía, pensó que era más indispensable que cualquiera en el cielo, incluso Dios.

Por eso pienso que, lejos de menospreciar la obra de sus siervos, esta expresión de Jesús es un acto de amor hacia nosotros, pues ello nos mantiene dentro de una realidad en la que no estaremos expuestos a la soberbia y la vanagloria.

Alguien me dijo una vez que no importa todo lo que logremos hacer en la obra del Señor, y por encima de todos los títulos ministeriales que podamos alcanzar, debemos recordar siempre lo que Jesús mismo nos enseñó en Mateo 10:24: *"El discípulo no es más que su maestro, ni el siervo más que su señor"*. Por más doctorados o diplomas que obtengamos, nuestro título aquí en la Tierra siempre será "Ayudante de Carpintero".

3. El pasaje considera características importantes de la humildad y el servicio como una cuestión lógica y práctica en la conducta cristiana.

En este pasaje se combinan 2 interesantes características que están presentes a través de todo el ministerio de Jesús. La primera es la importancia que Cristo siempre le prestó al tema del servicio.

Observe cuidadosamente los siguientes textos, y el breve comentario que añado al final de ellos:

- Marcos 10:45 – *"El Hijo del Hombre no ha venido para ser servido, sino para servir"*. Jesús mismo nos ofrece su propio ejemplo.
- Lucas 1:38 – *"He aquí la sierva del Señor. ¡Hágase en mí según tu palabra!"*. Disposición total a la voluntad del Señor.
- Lucas 4:16-21 – *"Vino a Nazaret, donde se había criado; y en el día de reposo entró en la sinagoga, conforme a su costumbre, y se levantó a leer. Y se le dio el libro del profeta Isaías; y habiendo abierto el libro, halló el lugar donde estaba escrito: El Espíritu del Señor está sobre mí, por cuanto me ha ungido para dar buenas nuevas a los pobres; me ha enviado a sanar a los quebrantados de corazón; a pregonar libertad a los cautivos, y vista a los ciegos; a poner en libertad a los oprimidos; a predicar el año agradable del Señor. Y enrollando el libro, lo dio al ministro, y se sentó; y los ojos de todos en la sinagoga estaban fijos en él. Y comenzó a decirles: Hoy se ha cumplido esta Escritura delante de vosotros"*. El servicio fue para Jesús su carta de presentación.
- Mateo 20:26-28 – *"Mas entre vosotros no será así, sino que el que quiera hacerse grande entre vosotros será vuestro servidor, y el que quiera ser el primero entre vosotros será vuestro siervo; como el Hijo del Hombre no vino para ser*

servido, sino para servir, y para dar su vida en rescate por muchos". El concepto de siervo de Dios es uno revolucionario y desafiante para el mundo y para los mismos siervos. El servicio se mide de otra manera en el Reino de Dios.

Ahora bien, como segunda característica, también el pasaje nos muestra a Jesús haciendo gala de su absoluto dominio de la psicología. Note bien cómo las preguntas del pasaje utilizan la técnica del método conductual, en el cual Jesús va dirigiendo el pensamiento de sus oyentes hacia un razonamiento lógico, que a su vez conducen a una acción determinada o conducta en respuesta a ese razonamiento.

Las preguntas son formuladas de tal manera que invitan a cada oyente a que piense en su propia experiencia y, desde su propia experiencia, trate de dar una respuesta que lo comprometa a una acción correspondiente.

De esa manera, la expresión de Jesús acerca de los "siervos inútiles" se convierte en un razonamiento lógico que, al menos, permite que sus oyentes puedan asimilarlo, pues de otra manera, y de primera intención no sería recibido ni considerado con buenos ojos.

La técnica psicológica del llamado método conductual le permitió introducir un nuevo valor del Reino sin mayores contratiempos, pues ya había comprometido la actitud de los oyentes con las preguntas que les hizo y las respuestas que obtuvo de ellos mismos.

4. El pasaje establece un orden presente y futuro.

Está claro en este pasaje que es el siervo quien sirve a su señor. Ahora bien, el hecho de que el pasaje establece un orden presente y futuro implica que el siervo que sirve a su señor será igualmente servido por su señor en su momento. Esta es la idea que de alguna manera sugiere Lucas 12:37:

"Bienaventurados aquellos siervos a los cuales su señor, cuando venga, halle velando; de cierto os digo que se ceñirá, y hará que se sienten a la mesa, y vendrá a servirles." (RV).

Esta es una evidencia más de que Nuestro Dios es un Dios Justo. Nada mejor que recibir como recompensa el mismo trato que nosotros dimos. Esta es, precisamente, la esencia de la Regla de Oro.

Mateo 7:12 nos dice:

"Así que, todas las cosas que queráis que los hombres hagan con vosotros, así también haced vosotros con ellos; porque esto es la ley y los profetas". (RVR60).

Dios mismo será el primero en cumplir con su propia Ley. En ese sentido, la declaración de Jesús en Lucas 12:37 establece de antemano que la parábola de Lucas 17:7-10 no implica que Dios no agradece el trabajo de sus siervos, sino que nuestro trabajo como siervos de Dios tendrá su recompensa a su debido tiempo y en su justa medida.

En el pasaje de Lucas 17, Dios nos dice que en el presente somos nosotros quienes le servimos, pero en el pasaje de Lucas 12 ya Él nos había dicho que en futuro, en el cielo, será Él mismo quien nos sirva. Siendo así, ¿quién, entonces, debe ser el agradecido: Dios por tenernos como sus siervos, o nosotros sus siervos por tenerlo a Él como Nuestro Dios? No quiero aplicarle el método conductual, pero yo supongo que todos sabemos cuál es la respuesta correcta.

Nuestra vida debe caracterizarse por nuestra actitud de servicio. Una actitud que no espera una recompensa egoísta. Una actitud que se goza en servir, y que no sirve buscando su propia complacencia.

El que busca recompensa en esta vida por servir a Dios está procurando alimentar una relación con Dios a base de propinas, cuando puede tener en el futuro un servicio "todo incluido" en el cielo.

La humildad es parte de ese fruto del Espíritu que caracteriza a los coherederos del Reino de los Cielos. Conviene, entonces, perder la vida por amor a Jesús y al evangelio ahora (Mateo 16:25), con tal de ganarla gloriosamente en el cielo de Dios.

Si nuestros jefes no son agradecidos, y aun así les servimos, ¿cuánto mejor podemos servir al Dios verdadero que nos bendice?

Dios no es un Dios mal agradecido. Es un Dios de orden. En el caso de esta parábola, Dios nos permite a nosotros que, después de haberle servido de todo corazón, luego seamos nosotros los que riamos de últimos.

Y recuerde que el que ríe al último, ríe mejor...

BREVE BIOGRAFIA DEL AUTOR

Elvin Heredia es ministro licenciado de la Iglesia del Nazareno, Distrito Este de Puerto Rico y pastor titular de la Iglesia del Nazareno del pueblo de Gurabo. Posee un Doctorado en Filosofía (PhD.) en Teo-Terapia Familiar y Pastoral Sistémica de ECOTHEOS International University & Bible College en Puerto Rico, un grado de Maestría en Psicología y Consejería Clínica Cristiana de DOXA International University en Florida, USA, y un Bachillerato en Asesoramiento Familiar de la Escuela Graduada de Terapia y Psicología Pastoral de Puerto Rico.

Es consejero certificado en Teo-Terapia (Nivel III) por la International Reciprocity Board of Therapeutic & Rehabilitation (I.R.B.O.), entidad reconocida por la Federación Mundial de Comunidades Terapéuticas y por el Programa Social de Comunidades Terapéuticas de la Organización de las Naciones Unidas. Es profesor asociado del Seminario Nazareno de Las Américas (SENDAS) en San José, Costa Rica para la Maestría en Ciencias de la Religión con mención en Orientación de la Familia, para el Bachillerato en Teología y el Bachillerato en Pastoral Juvenil. Ha dictado conferencias y talleres para matrimonios en Puerto Rico y los Estados Unidos. Es el autor de la colección de libros TEOLOSIS.

El pastor Heredia vive en Puerto Rico con su esposa Carmencita y sus hijas, Jane Marie y Ana Cristina.

www.ingramcontent.com/pod-product-compliance
Lightning Source LLC
Chambersburg PA
CBHW060240050426
42448CB00009B/1536

9 780984 281763